中国旅游发展年度报告书系

Annual Development Report of China's Tourism

中国入境旅游发展年度报告
2017

ANNUAL REPORT OF CHINA INBOUND TOURISM DEVELOPMENT 2017

中国旅游研究院

北京·旅游教育出版社

责任编辑：郭珍宏

图书在版编目（CIP）数据

中国入境旅游发展年度报告. 2017 / 中国旅游研究院著. -- 北京：旅游教育出版社，2017.9
 ISBN 978-7-5637-3638-6

Ⅰ. ①中… Ⅱ. ①中… Ⅲ. ①旅游客源－研究报告－中国－2017 Ⅳ. ①F592.6

中国版本图书馆CIP数据核字(2017)第236573号

中国入境旅游发展年度报告 2017
中国旅游研究院　著

出版单位	旅游教育出版社
地　　址	北京市朝阳区定福庄南里1号
邮　　编	100024
发行电话	（010）65778403　65728372　65767462（传真）
本社网址	www.tepcb.com
E - mail	tepfx@163.com
排版单位	北京旅教文化传播有限公司
印刷单位	北京中科印刷有限公司
经销单位	新华书店
开　　本	787毫米×1092毫米　1/16
印　　张	7.25
字　　数	98千字
版　　次	2017年9月第1版
印　　次	2017年9月第1次印刷
定　　价	55.00元

（图书如有装订差错请与发行部联系）

《中国入境旅游发展年度报告2017》编委会

主任委员
戴　斌

编　　委（按姓氏拼音排序）
戴　斌　蒋依依　李仲广　马仪亮　宋子千
唐晓云　吴丰林　吴　普　夏少颜　杨宏浩

《中国入境旅游发展年度报告2017》编写组

主　　编
蒋依依　中国旅游研究院国际旅游研究所所长　研究员　博士
执行主编
李创新　中国旅游研究院国际旅游研究所副研究员　博士
成　　员
杨劲松　杨丽琼　宋慧林　拓　倩　蔡　凤　吕洋洋
李　萍　蔡文婧　陈小姣　晏　梅　宋丽娜

目录
CONTENTS

导　言　2016年中国入境旅游市场概况与2017年发展趋势 …………… 1

第一章　2016年中国入境旅游市场发展状况 ……………………………… 11
　　第一节　2016年中国入境旅游市场的总体状况 ……………………… 12
　　第二节　2016年中国入境旅游市场的结构状况 ……………………… 15

第二章　2016年全球视野下的中国入境旅游 …………………………… 21
　　第一节　2016年全球范围内的入境旅游发展状况 …………………… 22
　　第二节　2016年中国主要客源国的客源产出状况 …………………… 28

第三章　2016年中国入境旅游的流向与路径 …………………………… 47
　　第一节　典型城市入境旅游客流的流向 ……………………………… 48
　　第二节　典型城市入境旅游客流的路径 ……………………………… 66

第四章　2016年中国入境旅游市场的需求状况 ………………………… 83
　　第一节　入境游客的人文统计特征 …………………………………… 86
　　第二节　入境游客的消费决策影响因素与特征 ……………………… 89

     第三节　入境游客的消费结构与消费评价···95

第五章　中国入境旅游发展趋势与建议···101
　　第一节　中国入境旅游发展的趋势预测···102
　　第二节　中国入境旅游发展的对策建议···104

后　记···108

导 言

2016年中国入境旅游市场概况与2017年发展趋势

一、入境旅游市场继续增长，客源市场结构小幅调整

入境旅游市场持续增长，外国客源市场增幅显著，港澳台客源市场继续回升。2016年我国接待入境游客13 844.38万人次，同比增长3.50%，规模总量创下历史新高。其中，接待旅华外国游客2815.12万人次，同比增长8.30%，规模总量同样创下历史新高。大陆（内地）接待港澳台入境游客回升至11 029.26万人次，同比增长2.28%，规模总量也达到历史新高。

外国客源市场出现回升，港澳台客源市场主力地位依然稳固。入境客源市场结构失衡态势持续，来自港澳台的客源市场依旧是我入境旅游市场的主力军，占全部市场份额的79.67%。2016年我国共接待入境游客13 844.38万人次，其中，接待香港同胞8106万人次，占全部入境市场份额的58.55%，份额下降0.82%；接待澳门同胞2350万人次，占全部入境市场份额的16.97%，份额下降0.13%；接待台湾同胞573万人次，占全部入境市场份额的4.14%，份额上升0.03%；接待外国游客共计2815万人次，占全部入境市场份额的20.33%，份额上升0.91%。

主要客源国构成略有变化，近程市场持续发力。从入境外国游客的客源构成来看，2016年接待韩国游客476.22万人次，占入境外国游客总量的16.92%，排名第一；接待越南游客316.73万人次，占入境外国游客总量的11.25%，排名从第三上升至第二；接待日本游客258.74万人次，占入境外国游客总量的9.19%，排名从第二下降到第三；接待缅甸游客242.81万人次，占入境外国游客总量的8.63%，排名上升至第四；接待美国游客224.78万人次，占入境外国游客总量的7.99%，排名从第四下降到第五；接待俄罗斯游客197.60万人次，占入境外国游客总量的7.02%，排名从第五下降到第六。韩国、越南、日本、缅甸、美国、俄罗斯合计向中国大陆输送游客1716.88万人次，占我国接待入境外国游客总量的60.99%，超过六成的入境国际客源市场主要集中在这六大客源国。韩国、越南、日本、缅甸、美国、俄罗斯、蒙古、马来西亚、菲律宾、新加坡合计向中国大陆输送游客2173.16万人次，占我国接待入境国际游客总量的77.20%，接近八成的入境国际客源市场主要集中在这前十大客源国。

二、全球国际旅游保持稳步增长态势，亚太地区继续引领国际旅游发展

全球国际旅游保持稳步增长态势。尽管受到世界经济和恐怖袭击等负面因素的影响，全球国际旅游基本保持稳步增长。根据联合国世界旅游组织（UNWTO）公布的最新数据显示，2016年全球接待的入境游客总量达到12.35亿人次，同比增长了3.90%。

欧洲、亚太、美洲继续保持国际三大旅游热点地位。在国际旅游人数的地区结构中，欧洲共接待入境游客619.7万人次，所占比例最大，高达50.17%，其次是亚太（302.9万人次，24.52%）和美洲（200.9万人次，16.26%），而中东和非洲所占比例最小，仅分别为58.2万人次，4.34%和53.6万人次，4.71%。

国际旅游客流向太平洋地区、撒哈拉以南非洲地区的流动加速。从全球旅游客流分布来看，2016年除中东地区以外，全球其他地区总体呈增长态势，其中以撒哈拉以南非洲地区和太平洋地区涨势最强，分别为11.0%和10.0%。此外，南亚、东南亚、东北亚等地区的涨势也不俗，分别为9.0%、8.0%、8.0%。

欧洲地区接待国际游客的增速趋缓。2016年由于受到安全威胁以及安保挑战，欧洲地区接待国际游客呈现显著的地区差异性。2016年欧洲地区共接待国际游客6.2亿人次，比2015年多1200万人次，整体涨幅为2%。其中，北欧地区增长6%，中/东欧增加4%，南欧/地中海地区增长1%，西欧地区基本保持平稳，无显著增长。

亚太地区接待国际游客数量增长显著。2016年亚太地区接待的国际游客数量和增速均领涨全球，共接待入境国际游客3.03亿人次，比2015年增加2400万人次，整体涨幅为8%。其中，太平洋地区接待国际游客数量的涨幅为10%领涨全球，南亚地区涨幅为9%紧随其后，东北亚地区和东南亚地区涨幅均为8%，增长亦十分显著。

美洲地区的增速趋稳。美洲地区国际游客接待量从多到少依次为北美、南美、加勒比海地区、中美，北美为美洲国际游客的主要接待区域。2016年美洲地区共接待国际游客2.01亿人次，比2015年增加800万人次，整体涨幅为4%。其中，南美地区接待国际游客3270万人次，同比增长6%；中美地区接待国际游客1090万人次，同比增长6%；加勒比地区接待国际游客2510万人次，同比增长4%；北美地区接待国际游客1.32亿人次，同比增长4%。

撒哈拉以南非洲地区接待国际游客数量增长明显，中东地区的国际游客接待量再度出现下降。2016年非洲地区共接待国际游客5820万人次，比2015年增加400万人次，整体涨幅为8%。其中，撒哈拉以南非洲地区接待国际游客3965万人次，增长11%，增速十分显著；北非地区接待国际游客1855万人次，增长3%。2016年中东地区继续受到政局不稳定、恐怖袭击等负面因素的影响，接待国际游客数量约为5400万人次，同比下降约4%。

发达经济体与新兴经济体之间的差异继续扩大。近年来，新兴经济体的入境旅游人数正在逐步增加，但增幅却明显低于发达经济体，与发达经济体之间的差距反而在逐渐扩大。在2000年，发达经济体与新兴经济体的入境旅游人数的差异为1.74亿，而2012年，发达经济体与新兴经济体的入境旅游人数的差异已缩减至0.78亿，之后这种差异却逐年扩大，考虑到当前国际政治经济的整体形势，预期发达经济体与新兴经济体的入境旅游人数的差异还将进一步扩大。

国际旅游客流向新兴经济体国家流动继续放缓。2016年新兴经济体入境旅游人数同比增长率（2.6%）继去年之后继续低于同期发达经济体入境旅游人数的同比增长率（4.9%），国际旅游客流向新兴经济体国家的流动速度继续低于向发达经济体国家的流动速度。

三、入境客流扩散的等级性与近程性特征显著，客流扩散的路径持续多样化

入境客流扩散的等级性与近程性特征依然显著。由于受到旅游资源、地方知名度、空间距离、旅行费用等多重因素的影响，入境客流的扩散依然呈现出典型的"等级性"与"近程性"特征。北京市超过72.40%的入境游客扩散至沈阳、上海、西安等一线城市、旅游资源同样丰富的城市或者邻近省会城市，入境游客以北京为节点向其他城市扩散主要集中在五个方向：东北向、东南向、西向、南向、西南向。上海市超过36.18%的入境游客扩散至北京、西安等一线城市或者旅游资源十分丰富的热点旅游城市，入境游客以上海为节点向其他城市扩散主要集中在五个方向：北向、南向、西北向、西向、西南向。广州市超过49.50%的入境游客扩散至深圳、珠海、中山、佛山、香港等邻近的特色旅游城市，入境游客以广州为节点向其他城市扩散主要集中在四个方向：省内、东北向、北向、西北向。西安市超过68.10%的入境游客扩散至北京、上海、杭

州、昆明、桂林等一线城市、省会城市或者旅游资源十分丰富的城市，入境游客以西安为节点向其他城市扩散主要集中在五个方向：东北向、东向、西南向、南向、西向。成都市超过64.94%的入境游客扩散至重庆、九寨沟、西安、乐山等直辖市、省会城市、省内邻近的特色旅游城市，入境游客以成都为节点向其他城市扩散主要集中在五个方向：东向、西南向、东北向、省内及北向、东南向。重庆市超过64.29%的入境游客扩散至成都、贵阳、长沙、西安、广安等邻近省会城市，或者邻近的热点旅游城市，入境游客以重庆为节点向其他城市扩散主要集中在五个方向：西向、北向、东向、南向、西南向。桂林市超过44.83%的入境游客扩散至重庆、杭州、南京等直辖市、省会城市和旅游资源十分丰富的城市，入境游客以桂林为节点向其他城市扩散主要集中在四个方向：西北向、东北向、北向、东南向、西向。昆明市超过71.43%的入境游客扩散至桂林、重庆、贵阳、成都、南宁等邻近的直辖市、省会城市，或者旅游资源十分丰富的城市，入境游客以昆明为节点向其他城市扩散主要集中在四个方向：东向、北向、东北向、省内及西向。沈阳市超过76.67%的入境游客扩散至北京、大连、长春等一线城市、邻近省会城市，以及省内的热点旅游城市，入境游客以沈阳为节点向其他城市扩散主要集中在四个方向：西南向、南向、北向、西向。

入境客流扩散的路径持续多样化。伴随入境旅游市场规模的发展壮大，入境客流扩散的路径持续多样化，新的扩散路径日益成长起来。入境游客以北京为节点有25条主要扩散路径，其中，以向东北方向的扩散路径"北京→沈阳"最具代表性。入境游客以上海为节点有25条主要扩散路径，其中，以向北方向的扩散路径"上海→北京"最具代表性。入境游客以广州为节点有20条主要扩散路径，其中，以向省内的扩散路径"广州→深圳"最具代表性。入境游客以西安为节点有24条主要扩散路径，其中，以向东北方向的扩散路径"西安→北京"最具代表性。入境游客以成都为节点有25条主要扩散路径，其中，以向东方向的扩散路径"成都→重庆"最具代表性。入境游客以重庆为节点有24条主要扩散路径，其中，以向西方向的扩散路径"重庆→成都"最具代表性。入境游客以桂林为节点有25条主要扩散路径，其中，以向西北方向的扩散路径"桂林→重庆"最具代表性。入境游客以昆明为节点有19条主要扩散路径，其中，以向东方向的扩散路径"昆明→桂林"最具代表性。入境游客以沈阳为节点有18条主要扩散路径，其中，以向西南方向的扩散路径"沈阳→北京"最具代表性。

四、入境旅游的消费水平依然偏低，主要旅行目的是游览观光以及休闲度假

入境旅游的市场主体结构相对稳定。入境游客的性别比例基本回归常态；25~44 岁的游客为入境旅游市场的主力，超过入境游客总数的 70%；大学本科、大学专科、硕士及以上学历的入境游客人数比例最高，合计超过入境游客总数的 90%；入境游客中，各职业分布相对去年比较均匀，教育行业从业者和学生占比最高，合计超过游客总数的 19%；入境游客主要为中高收入人群，个人月收入在 1001~3000 美元、3001~5000 美元的人群比例最高，合计接近超过游客总数的五成。

入境游客的主要目的是游览观光以及休闲度假，消费决策特征变化不明显。入境游客中首次到访中国的游客明显多于多次到访中国的游客；从入境游客出游目的来看，游览观光和休闲度假是主要的旅华目的。网站论坛和亲友介绍是最主要的信息来源，有 25.61% 的游客出游前会通过网站/BBS/论坛获取目的地的旅游相关信息，有 21.47% 的游客出游前会受到亲朋好友介绍的影响；出游前入境游客多会了解旅游交通/天气等生活信息、旅游产品和服务介绍、旅游景区接待情况、特色文化娱乐活动等旅游信息；在选择目的地以及旅游景点时，景点吸引力/旅游地吸引力是游客最为关注的问题，其次是旅游地交通和旅行费用，旅行安全也是影响入境游客目的地选择的因素；在出游伴侣的选择方面，约有 37.20% 的入境游客选择和家人一起出游，其次有 33.40% 的入境游客选择和好友结伴出游；入境游客主要的游览项目集中在山水风光、文物古迹、美食烹调、文化艺术，所占比例分别为 24.29%、23.43%、15.39%、15.19%；在景点数量的选择方面，38.20% 的入境游客参观游览了 3~5 个旅游景点，具有最高的代表性；在华停留时长方面，30.25% 的入境游客在华停留 8~15 天，最具代表性；在住宿选择方面，选择中等价位酒店（二星、三星酒店及同级酒店）超越选择经济型酒店，成为入境游客的首选项。

入境游客的消费水平依然偏低。从入境游客人均消费的总体结构来看，消费水平依旧偏低。入境游客人均消费呈现典型的正态分布特征，中间大，两头小。入境游客人均消费呈现正态分布，中间大，两头小。超过 60% 的入境游客消费集中在 1001~5000 美元，另有 15.02% 的入境游客消费 501~1000 美元，有 14.06% 的入境游客消费不足 500 美元，消费超过 5000 美元有 8.73%；从消费

项目来看，23.05%游客表示旅游交通是其最大的消费项目，其次是购物消费，占总消费支出的21.42%。

入境游客的消费评价整体较好，但部分短板依然存在。入境游客对各方面的评价整体较好。无论目的地总体形象、城市建设、城市管理、公共行业服务还是窗口服务，游客对其评价基本较好。但相对而言，仍有部分服务短板存在，如城市建设中的空气质量、自然生态，公共行业服务中的互联网覆盖、手机信号覆盖、城市公交，窗口服务中的导游服务、产品服务和质量，其得分分别为8.11、8.16、8.09、8.12、8.12、8.16、8.17，低于平均水平。

五、中国入境旅游发展趋势分析

就市场规模而言，预计入境旅游市场有望全面恢复。就当前我国入境旅游市场的发展趋势来看，一方面依然无法避免主要客源市场经济增长乏力、国际游客出境旅游趋于保守、各旅游目的地竞争加剧、国际地缘政治的消极影响强化、入境游客在华消费意愿下降、我国入境旅游宣传推广体系有待进一步完善、我国旅游品牌建设仍处初级阶段等诸多负面因素的消极影响，但另一方面入境旅游系统工程理念日益深入身心，国际旅游多元化需求逐步得到满足，因地制宜开发特色形象和主打旅游产品、旅游公共服务和市场监管逐步趋于优化。在这一系列现实因素的积极推动下，以及在国内旅游市场环境不断改善的背景下，预计2017年我国入境旅游市场将继续保持稳步复苏的势头，进入全面恢复的发展通道。

就政策环境而言，72小时（144小时）过境免签和离境退税等一系列便利化政策的落地实施有望持续拓展入境旅游的发展空间。截至2016年底，72小时过境免签政策已在北京、上海、广州、成都、沈阳、杭州、西安、天津、武汉、南京、大连、桂林、昆明、重庆、哈尔滨、厦门、青岛、长沙、深圳等19个城市相继落地，适用对象覆盖了包括"一带一路"沿线主要国家在内的51个国家。在充分总结实施72小时过境免签经验的基础上，2016年初江浙沪率先启动实施海陆空三类口岸联动的144小时过境免签政策；2016年8月广东省实现144小时过境免签和海陆空三类口岸联动；京津冀也已向国务院申请实施144小时过境免签和口岸联动政策，过境免签政策正在向着更加开放化的方向迈进。截至2016年底，面向境外游客的购物离境退税政策已相继在海南省、北京市、上海市、天津市、辽宁省、安徽省、福建省、厦门市、四川省、江苏省、青岛市、深圳市、陕西省、云南省、广东省、黑龙江省、山东省、河南省18个省（直辖市、计划单列市）落地实施，离境退税政策的实施，有效激发了入境游客购物的积极性，对入境旅游消费提升效果明显。

就竞争态势而言，让入境游客收获更加便利的旅行服务和更高的旅行体验，已悄然成为吸引国际客源市场的主流做法。在全球化背景下，游客出行的尺度范围已远远超出国境（边境）的限制。各国各地区的竞争领域也从争夺境外客源市场逐步扩展到关系国际旅游发展的各方面综合服务与设施配套。近年来已有越来越多的国家和地区以强化海外宣传促销、签证便利化、购物免退税、航权开放、廉价航线、区域合作深化、多语种服务等各种方式全面深入参与国际旅游市场竞争与客源市场争夺。为了能从日趋激烈的国际旅游竞争中胜出，各国政府无不积极作为，中国也需应时而动积极作为。

就发展模式而言，当下中国入境旅游的发展模式已完全不同于过往接待入境旅游团队的封闭型发展模式。随着旅游客源地营销和全球推广的日益强化，签证、通关、免税、退税、航权等多项宏观便利化政策的落地实施，特别是全域旅游战略的强力引领，带来了旅游目的地建设和产品创新热潮，"美丽中国"的国家旅游形象得到务实推广，中国入境旅游的发展模式有望实现由封闭型向开放型的全面转化。随着中国对外开放加快步伐的加快，中国旅游业的发展期待着以入境旅游为突破口启动新一轮的对外开放，国内外旅游市场的一体化进程将进一步加快，与国际市场、国际规则、国际水平也将进一步接轨。今后，让入境游客体验中国老百姓兼容传统与时尚的生活方式将成为最强有力的旅游吸引物，会有越来越多的入境游客认识到：中国不仅是一个具有悠久历史的文明古国，而且是一个开放包容的现代化大国。

就整体思路而言，展现发展成就的"超乎想象的中国"应当而且能够成为入境旅游的基本出发点。"超乎想象的中国"将成为"中国梦"的最优注脚，成为入境旅游的长期卖点和宣传点。在全域旅游战略指引下，进一步完善中国的商业接待体系与公共服务体系，为入境旅游发展创造更好的外部条件，在向入境游客推介我们的传统旅游资源之余，重点推介中国改革开放以来的发展成就，向入境游客展示今天中国人民的日常生活等非传统旅游资源，如此，必能使中国入境旅游焕发出新的生机与活力。

六、中国入境旅游发展政策建议

借全域旅游大势为入境旅游注入新动力。全域旅游、厕所革命、旅游+，以及旅游管理体制综合改革的推进，让更多的入境游客可以尽享景区之外的城乡居民品质生活空间。事实上，全域旅游就是"美丽中国"，就是"超乎想象的中国"。围绕"美丽中国"整体旅游形象，发挥各地资源优势，把具有竞争力的品牌和产品推向境外目标市场。包装好宣传好代表性强的特色旅游产品和精品旅游线路，推出一批二三线城市、特色小镇和田园综合体，主动宣介创意旅游产品，重点开发以"美丽中国"为核心支撑的精品旅游线路。

转变传统接待理念与发展模式，开发以真实生活方式体验为主要内容的旅游产品。突破"封闭的中国""古老的中国"的旅游产品开发理念，不仅重视对传统旅游资源的挖掘，更加重视对体验式、生活型、创新性、主题式旅游产品的策划与深度开发，特别是足以吸引入境游客重复消费的休闲度假产品，向入境游客展现更加贴近真实生活的现实中国，加大对非传统旅游资源的开发力度。通过旅游产品内容的丰富拓展、硬件设施的改进完善、软件服务的提质升级，让入境游客收获更加美好与真实的旅游体验。

双管齐下，国家旅游形象优化和短板弥补消除并重。一方面，在国际场合积极发出中国声音，改善整体国家形象和国家旅游形象。积极面对由于东西方文化和价值观差异所导致的误解与偏见。针对部分境外媒体对中国大气污染、环境治理、市场秩序、国家安全等的负面报道与过度热炒，中方有必要适时发出中国声音，并对部分热点事件予以积极回应，尽量消除隔阂与偏见。另一方面，在"供给侧"补短板。落实"可持续旅游"发展理念，全力支持大气环境综合整治工作；调整区域和小区域的旅游线路设计，并配合做好环境污染天气的游客人身综合防护。重视旅游商业服务环境改善、旅游商品提档升级、旅游市场秩序治理、旅游保险体系和保险理赔手续完善等突出问题，根治旅游安全无保障、不合理低价游、欺诈消费、强迫消费、暴力威胁、假冒伪劣等市场乱象，以规范的旅游市场秩序营造良好的发展环境，引导入境旅游回归以"质"取胜的正道。

持续提升国际开放度，分阶段分步骤推进一揽子便利化措施。系统性实施免签、免税、退税、航权开放、廉价航线等便利化政策，并尽量促成政策效应的叠加。在当前实施的72小时过境免签和144小时过境免签政策的基础上，探索实施与特色旅游产品相配套的离境购物免退税政策,并向着"任一口岸进,任一口岸出;任一口岸买,任一口岸退"的更高目标迈进,持续推进一揽子便利化政策的叠加效应,持续推进旅游产品和服务品质提升。从切实增进旅行服务便利和提升游客体验入手,在部分热门旅游目的地探索阶段性分步骤开放第五航权。根据入境旅游市场的动态反馈,结合国家总体战略和国际旅游市场开发的主导方向,适时开辟部分热门旅游线路面向境外游客的廉价航线。

配合"一带一路"倡议,有选择性地深化面向重点区域的国际合作。结合我国"一带一路"倡议,进一步将"一带一路"沿线国家作为入境旅游市场的重点拓展区域。强化与"一带一路"沿线国家的互联互通,分批次分步骤深化与"一带一路"沿线国家的旅游合作,切实推动游客互访、人员往来与产业要素流动,跟进孟中印缅、中巴经济走廊、中国—东盟旅游合作区、中越旅游合作区等国家战略。通过旅游年等有效途径,实现"一带一路"沿线国家重点突破,分批次、分步骤深化与"一带一路"沿线国家的旅游市场双向互动与全方位合作。重点推出面向"一带一路"沿线主要国家的多语种综合服务,大力开发"一带一路"沿线潜力客源市场。进一步扩展"一带一路"沿线的远程客源市场,逐步优化我国入境旅游的客源市场结构。

第一章
2016年中国入境旅游市场发展状况

第一节 2016年中国入境旅游市场的总体状况

一、入境旅游市场持续增长

2006—2016年，入境游客的规模总量持续波动，入境游客数量的增长率随之也呈现反复波动变化的典型特征。2006年接待入境游客12 494.2万人次，同比增长3.87%；2007年接待入境游客13 187.33万人次，同比增长5.55%；2008年接待入境游客减少至13 002.7万人次，同比降低1.40%；2009年接待入境游客减少至12 647.59万人次，同比降低2.73%；2010年接待入境游客回升至13 376.22万人次，同比增长5.76%；2011年接待入境游客进一步升至13 542.36万人次，同比增长1.24%；2012年接待入境游客降至13 240.53万人次，同比降低2.23%；2013年接待入境游客进一步降至12 907.78万人次，同比降低2.51%；2014年接待入境游客降至12 849.83万人次，同比下降0.45%；2015年接待入境游客回升至13 382.04万人次，同比增长4.14%；2016年接待入境游客进一步升至13 844.38万人次，同比增长3.45%，规模总量创下历史新高。

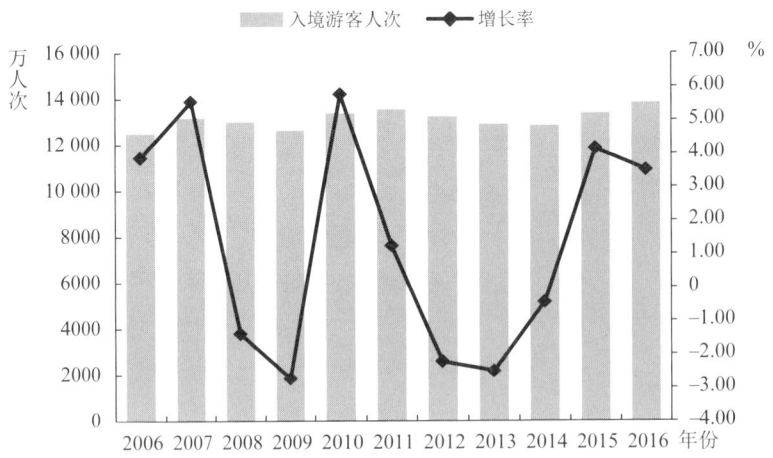

图1-1 2006—2016年入境旅游市场规模与增长情况

资料来源：国家旅游局数据中心

二、入境旅游外国市场增幅显著

2006—2015年，入境外国游客的规模总量呈现波动中逐步上升的发展趋势，入境外国游客数量的增长率呈现先升后降，再升再降再升的往返式变化特征。2006年接待入境外国游客2221.03万人次，同比增长9.65%；2007年接待入境外国游客增至2610.97万人次，同比增长17.56%；2008年接待入境外国游客降至2432.53万人次，同比降低6.83%；2009年接待入境外国游客进一步减少至2193.75万人次，同比降低9.82%；2010年接待入境外国游客回升至2612.69万人次，同比增长19.10%；2011年接待入境外国游客进一步增至2711.21万人次，同比增长3.77%；2012年接待入境外国游客再增至2719.16万人次，同比增长0.29%；2013年接待入境外国游客降至2629.03万人次，同比降低3.31%；2014年接待入境外国游客回升至2636.08万人次，同比增长0.27%；2015年接待入境外国游客回落至2598.54万人次，同比降低1.42%；2016年接待入境外国游客回升至2815.12万人次，同比增长8.30%，规模总量同样创下历史新高。

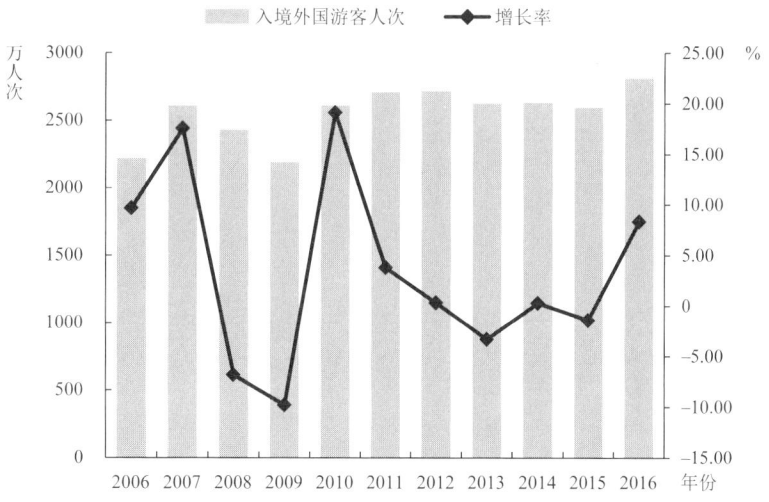

图1-2 2006—2016年入境外国旅游市场规模与增长情况

资料来源：国家旅游局数据中心

三、入境旅游港澳台市场继续回升

2006—2015年，入境港澳台的游客总量呈现反复的波动趋势，入境港澳台的游客数量的增长率呈现先降后升再降再升的往返式变化特征。2006年接待入境港澳台游客10 273.18万人次，同比增长2.69%；2007年接待入境港澳台游客增至10 576.36万人次，同比增长2.95%；2008年接待入境港澳台游客降至10 570.21万人次，同比降低0.06%；2009年接待入境港澳台游客进一步降至10 453.84万人次，同比降低1.10%；2010年接待入境港澳台游客回升至10 763.53万人次，同比增长2.96%；2011年接待港澳台入境游客进一步增至10 831.15万人次，同比增长0.63%；2012年接待港澳台入境游客回落至10 521.37万人次，同比降低2.86%；2013年接待港澳台入境游客进一步降至10 278.74万人次，同比降低2.31%；2014年接待港澳台入境游客再度降至10 213.75万人次，同比降低0.63%；2015年接待港澳台入境游客回升至10 783.49万人次，同比增长5.58%；2016年接待港澳台入境游客回升至11 029.26万人次，同比增长2.28%，规模总量创下历史新高。

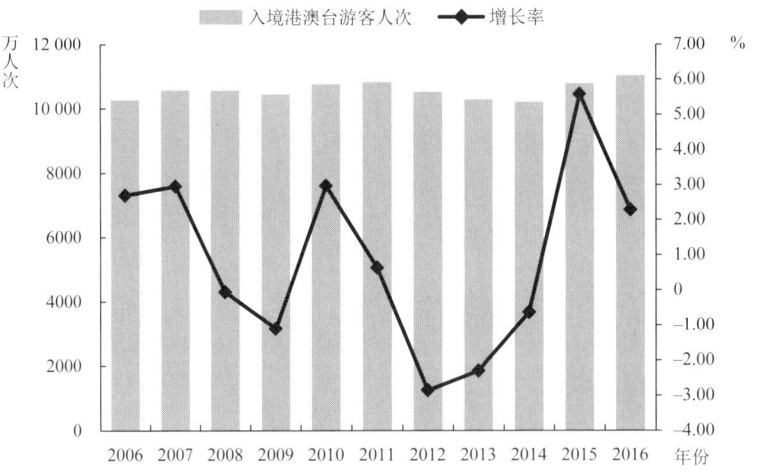

图1-3　2006—2016年入境港澳台旅游市场规模与增长情况

资料来源：国家旅游局数据中心

四、入境过夜游客数量世界第四,仅次于法国、西班牙、美国

联合国世界旅游组织(UNWTO)公布的数据显示:2016年入境过夜游客接待人次排名中,中国以5927万人次位列第四。法国以8300万人次再度排名榜首,西班牙以7600万人次位列第二名,美国以7562万人次位列第三名。

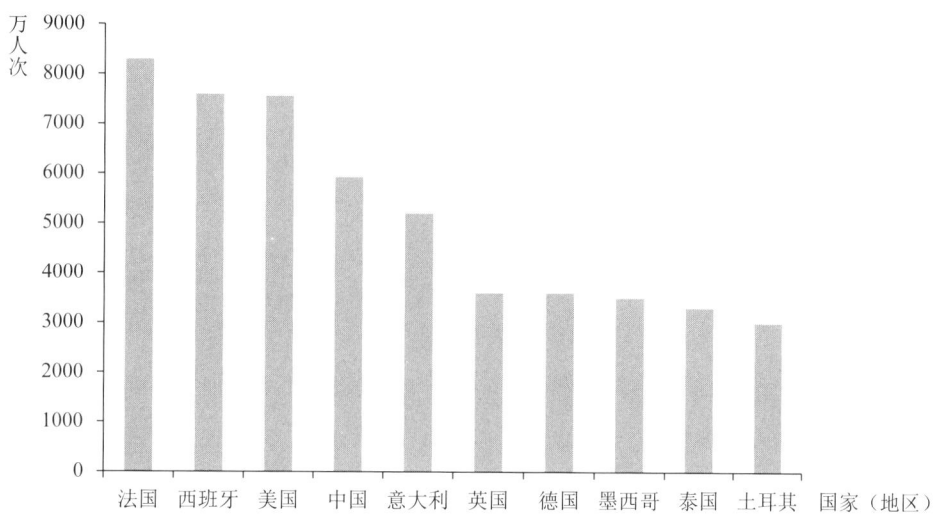

图1-4　2016年全球入境过夜旅游人次十强排名图

资料来源:联合国世界旅游组织(UNWTO),美国国家旅游旅行办公室(National Travel and Tourism Office)

第二节　2016年中国入境旅游市场的结构状况

一、外国客源市场份额出现回升,港澳台市场主力地位依然稳固

入境客源市场结构失衡态势持续,来自港澳台的客源市场依旧是入境旅游市场的主力军,占全部市场份额的79.67%。2016年我国共接待入境游客13 844.38万人次,其中,接待香港同胞8106万人次,占全部入境市场份额的

58.55%，份额下降 0.82%；接待澳门同胞 2350 万人次，占全部入境市场份额的 16.97%，份额下降 0.13%；接待台湾同胞 573 万人次，占全部入境市场份额的 4.14%，份额上升 0.03%；接待外国游客共计 2815 万人次，占全部入境市场份额的 20.33%，份额上升 0.91%。

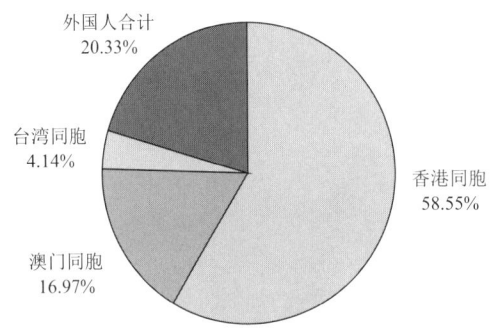

图 1-5　2016 年中国入境旅游主要客源市场结构状况

资料来源：国家旅游局数据中心

二、主要客源国构成略有变化，近程市场持续发力

从入境外国游客的客源构成来看，2016 年接待韩国游客 476.22 万人次，占入境外国游客总量的 16.92%，排名第一；接待越南游客 316.73 万人次，占入境外国游客总量的 11.25%，排名从第三上升至第二；接待日本游客 258.74 万人次，占入境外国游客总量的 9.19%，排名从第二下降到第三；接待缅甸游客 242.81 万人次，占入境外国游客总量的 8.63%，排名上升至第四；接待美国游客 224.78 万人次，占入境外国游客总量的 7.99%，排名从第四下降到第五；接待俄罗斯游客 197.60 万人次，占入境外国游客总量的 7.02%，排名从第五下降到第六。韩国、越南、日本、缅甸、美国、俄罗斯合计向中国大陆输送游客 1716.90 万人次，占我国接待入境外国游客总量的 60.99%，超过六成的入境国际客源市场主要集中在这六大客源国。

2016 年紧随六大客源国之后的其他客源市场状况如下：接待蒙古游客 134.23，占入境外国游客总量的 4.77%，排名保持在第七；接待马来西亚游客 116.39 万人次，占入境外国游客总量的 4.13%，排名从第六回落至第八；接待菲律宾游客113.47万人次，占入境外国游客总量的4.03%，排名从第八回落至第九；接待新加坡游客92.19万人次，占入境外国游客总量的3.27%，排名从第九回落至第十；接待印度游客79.91万人次，占入境外国游客总量的2.84%，排名从第十回落至第十一；接待泰国游客74.90万人次，占入境外国游客总量的2.66%，排名保持在第十二；接待加拿大游客74.08万人次，占入境外国游客总量的2.63%，排名从第十一回落至第十三；接待澳大利亚游客67.32万人次，占入境外国游客总量的2.39%，排名从第十三回落至第十四；接待印度尼西亚客63.29万人次，占入境外国游客总量的2.25%，排名从第十六回升至第十五；接待德国游客62.27万人次，占入境外国游客总量的2.21%，排名从第十四回落至第十六；接待英国游客59.43万人次，占入境外国游客总量的2.11%，排名从第十五回落至第十七；接待法国游客50.35万人次，占入境外国游客总量的1.79%，排名从第十七回落至第十八。

韩国、越南、日本、缅甸、美国、俄罗斯、蒙古、马来西亚、菲律宾、新加坡合计向中国大陆输送游客2173.16万人次，占我国接待入境国际游客总量的77.20%，接近八成的入境国际客源市场主要集中在前十大客源国。

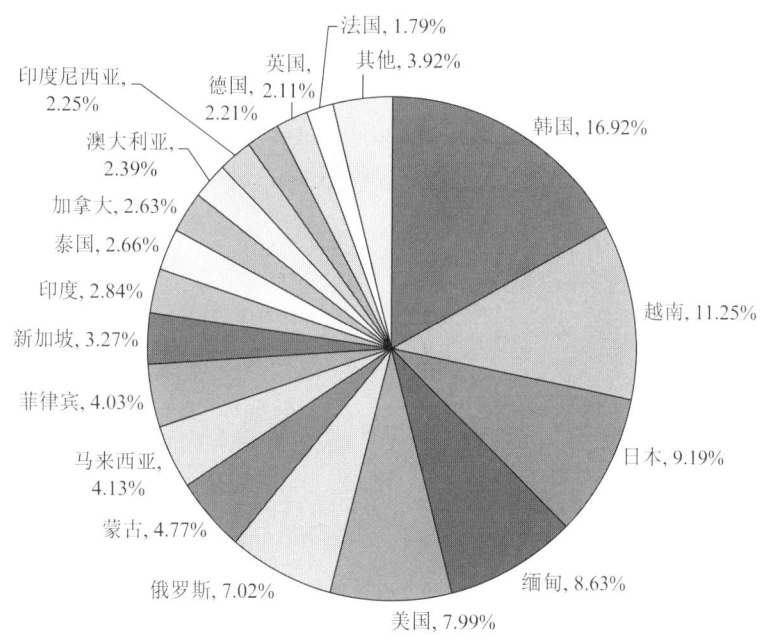

图1-6　2016年中国主要客源国的结构状况

资料来源：国家旅游局数据中心

三、入境游客选择的交通方式分析

旅华外国游客中，53.71%乘坐飞机入境，21.85%徒步入境，14.06%乘坐汽车入境，9.04%乘坐船舶入境，1.33%乘坐火车入境。

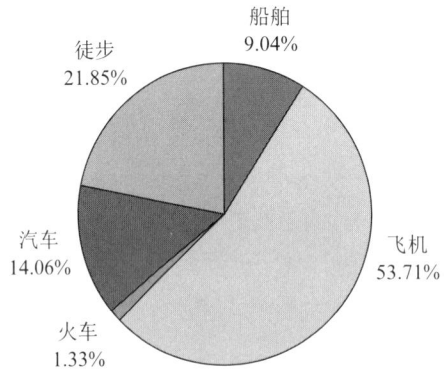

图1-7　2016年外国游客进入中国大陆的交通方式

资料来源：国家旅游局数据中心

四、入境游客的年龄结构分析

旅华外国游客中，25~44岁占46.80%，45~64岁占34.25%，15~24岁占9.63%，65岁及以上占5.67%，14岁及以下占3.64%。

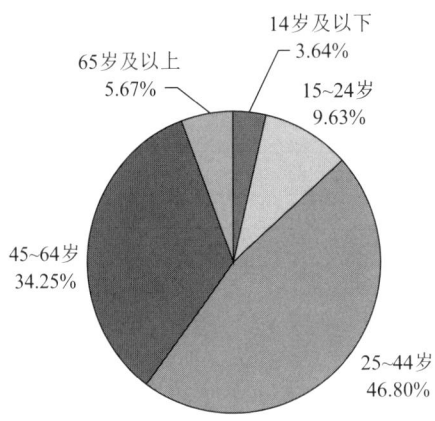

图1-8　2016年入境外国游客的年龄结构状况

资料来源：国家旅游局数据中心

五、入境游客的性别结构分析

旅华外国游客中，62.95%为男性，37.05%为女性。

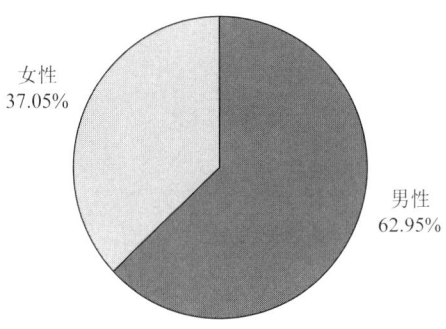

图 1-9　2016 年入境外国游客的性别结构状况

资料来源：国家旅游局数据中心

六、入境游客的旅游目的结构分析

旅华外国游客中，33.39%持观光休闲目的，18.41%持会议/商务目的，14.98%为服务员工，3.06%持探亲访友目的，30.16%持其他目的。

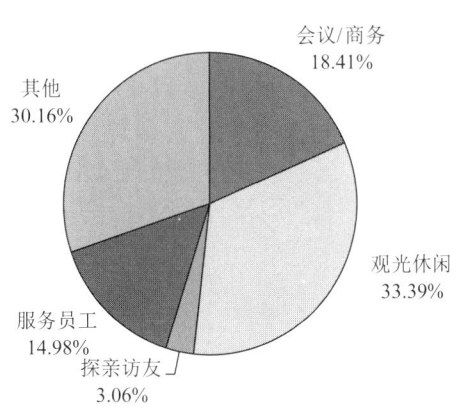

图 1-10　2016 年入境外国游客的旅游目的结构状况

资料来源：国家旅游局数据中心

第二章
2016年全球视野下的中国入境旅游

本章通过分析2016年全球入境旅游的市场规模状况，以及全球客流方向的动态与变化分析，剖析全球入境旅游的流量特征、结构状况、流向特征。以期从全球入境旅游动态变化的视角，以及入境游客产出的视角，全面把握分析2016年的全球入境旅游市场状况，并系统剖析2016年全球入境旅游客流状况及其地域格局，从宏观角度分析认识中国入境旅游在全国入境旅游市场的现实状况和发展趋势。

第一节　2016年全球范围内的入境旅游发展状况

一、全球入境旅游客流总量呈稳步增长态势

（一）2016年全球入境游客接待量同比增长3.90%

从2000—2016年全球旅游人数总体呈现平稳增长（见图2-1、图2-2）。其中，2003年受H1N1甲型流感影响国际旅游人数出现下滑；随后至2007年世界旅游业连续四年快速增长，国际跨境旅游人数达到了9亿人次，国际旅游人数同比增长率达6.2%。但受2008—2009年世界经济危机的影响，2008年的国际旅游人数虽略有增长，但增长幅度较往年大幅下降。2009年全球旅游业经历了60年以来最糟糕的一年，游客人数下降3.8%。但世界旅游业仍然表现出强劲的复苏势头，到2009年末，世界旅游形势有所好转并持续稳定增长。随后几年内年增长率均保持在4%以上，其中2010年更是达到了6.5%，而2014年全球国际旅游规模首次突破了11亿大关，达到了11.38亿人次。

尽管受到世界经济和恐怖袭击等负面因素的影响，2016年全球国际旅游基本保持稳步增长。根据联合国世界旅游组织（UNWTO）公布的最新数据显示，自2009年全球经济与金融危机以来，全球入境旅游已实现持续七年的不间断增长，这一持续增长的纪录也是自20世纪60年代以来从未有过的新纪录。2016年全球接待的入境游客总量比2015年增加5100万人次，达到12.35亿人次，同比增长3.90%。

第二章 2016年全球视野下的中国入境旅游
Chapter 2 A Global View of China Inbound Tourism in 2016

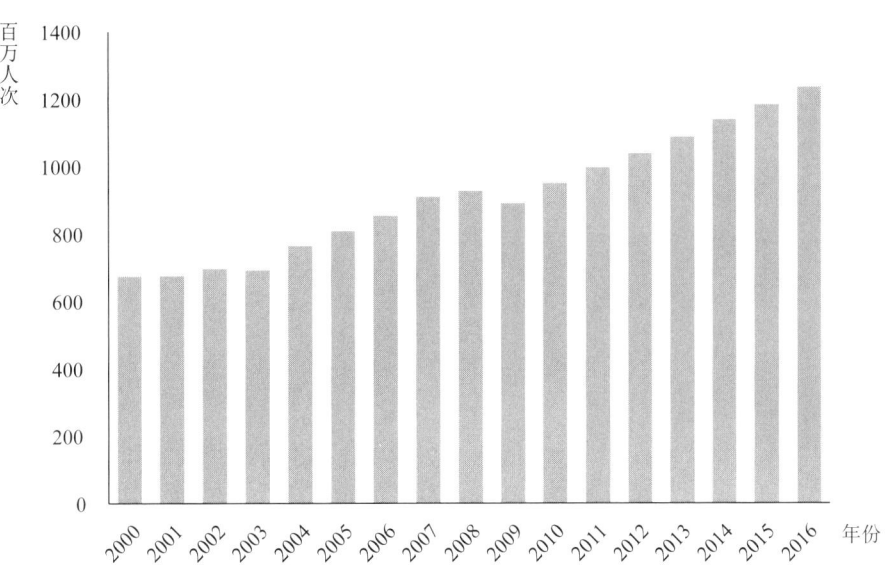

图2-1 2000—2016年全球入境旅游规模变化图

资料来源：联合国世界旅游组织（UNWTO）

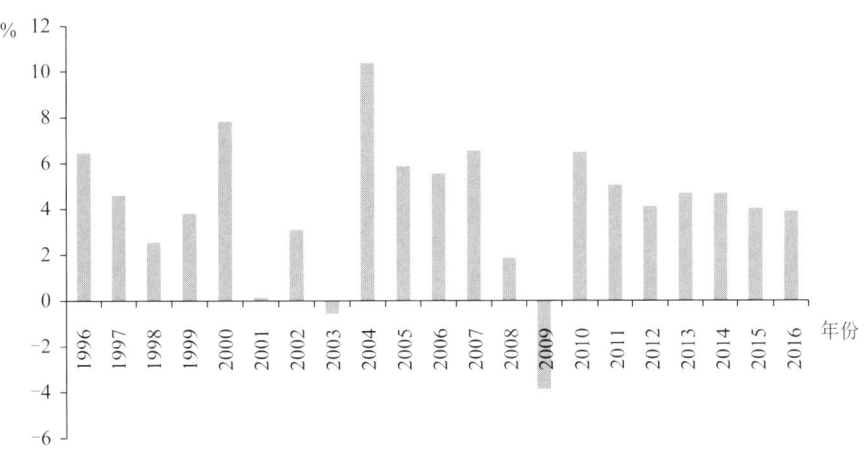

图2-2 1996—2016年全球入境旅游接待规模增长率

资料来源：联合国世界旅游组织（UNWTO）

（二）欧洲、亚太、美洲为国际三大旅游热点地区

在全球入境旅游人数的地区结构中，欧洲共接待入境游客619.7万人次，所占比例最大，高达50.17%，其次是亚太（302.9万人次，24.52%）和美洲

（200.9 万人次，16.26%），而中东和非洲所占比例最小，仅分别为 58.2 万人次，4.34% 和 53.6 万人次，4.71%。

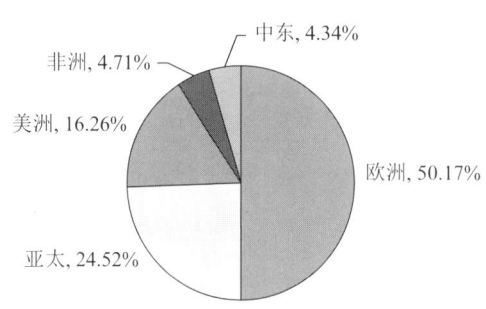

图 2-3　2016 年全球各区域接待的入境游客规模情况

资料来源：联合国世界旅游组织（UNWTO）

二、全球入境旅游增长的重心重回发达地区

（一）欧洲、亚太等地是全球入境旅游的主要集聚地

1. 全球入境旅游客流向撒哈拉以南非洲地区、太平洋地区的流动加速

从全球入境旅游客流的地域分布来看，2016 年除中东地区以外，全球其他地区总体呈增长态势，其中以撒哈拉以南非洲地区和太平洋地区涨势最强，分别为 11.0% 和 10.0%。此外，南亚、东南亚、东北亚等地区的涨势也较好，分别为 9.0%、8.0%、8.0%。

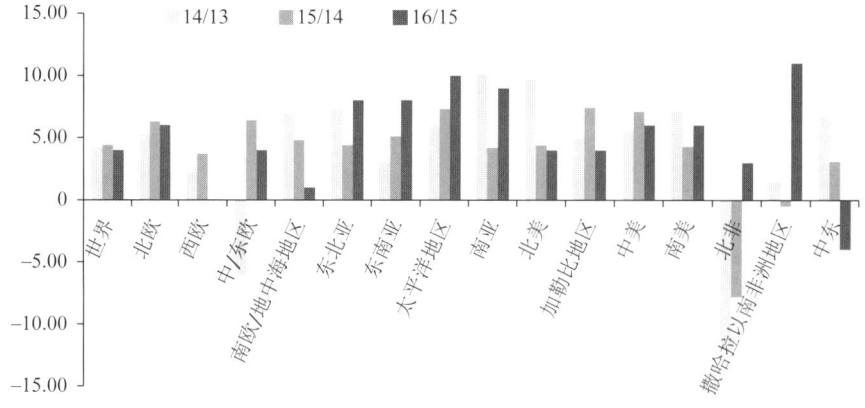

图 2-4　2014—2016 年全球各地区的入境旅游增长率对比

资料来源：联合国世界旅游组织（UNWTO）

2. 欧洲地区接待入境游客的增速趋缓

2016年由于受到安全威胁以及安保挑战,欧洲地区接待国际游客呈现显著的地区差异性。2016年欧洲地区共接待国际游客6.2亿人次,比2015年增加1200万人次,整体涨幅为2%。其中,北欧地区增长6%,中/东欧增加4%,南欧/地中海地区增长1%,西欧地区基本保持平稳,无显著增长。

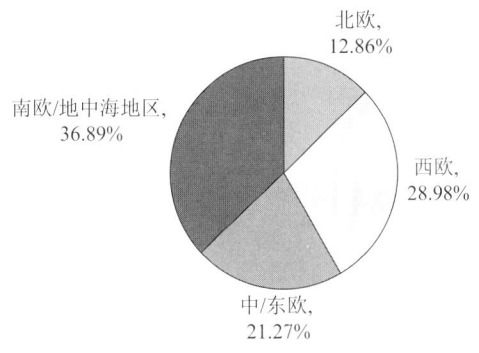

图2-5　2016年欧洲各区域的入境游客接待情况

资料来源:联合国世界旅游组织(UNWTO)

3. 亚太地区接待入境游客数量增长显著

2016年亚太地区接待的国际游客数量和增速均领涨全球,共接待入境国际游客3.03亿人次,比2015年增加2400万人次,整体涨幅为8%。其中,太平洋地区接待国际游客数量的涨幅为10%领涨全球,南亚地区涨幅为9%紧随其后,东北亚地区和东南亚地区涨幅均为8%,增长亦十分显著。

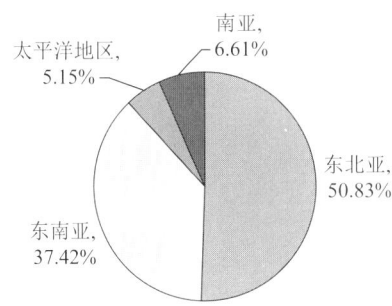

图2-6　2016年亚洲和太平洋地区各区域的入境游客接待情况

资料来源:联合国世界旅游组织(UNWTO)

4. 美洲地区的入境游客接待量增速趋稳

美洲地区国际游客接待量从多到少依次为北美、南美、加勒比海地区、中美，北美为美洲国际游客的主要接待区域。2016年美洲地区共接待国际游客2.01亿人次，比2015年增加800万人次，整体涨幅为4%。其中，南美地区接待国际游客3270万人次，同比增长6%；中美地区接待国际游客1090万人次，同比增长6%；加勒比海地区接待国际游客2510万人次，同比增长4%；北美地区接待国际游客1.32亿人次，同比增长4%。

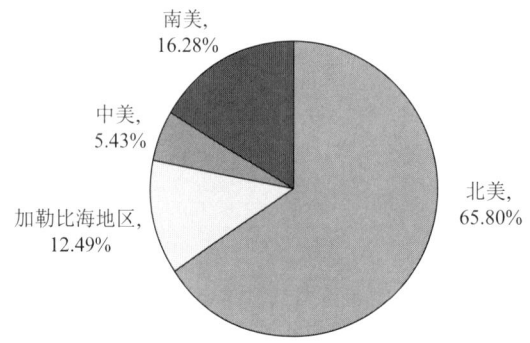

图2-7 2016年美洲地区各区域的入境游客接待情况

资料来源：联合国世界旅游组织（UNWTO）

5. 撒哈拉以南非洲地区接待入境游客的数量增长明显

2016年非洲地区共接待国际游客5820万人次，比2015年增加400万人次，整体涨幅为8%。其中，撒哈拉以南非洲地区接待国际游客3965万人次，增长11%，增速十分显著；北非地区接待国际游客1855万人次，增长3%。

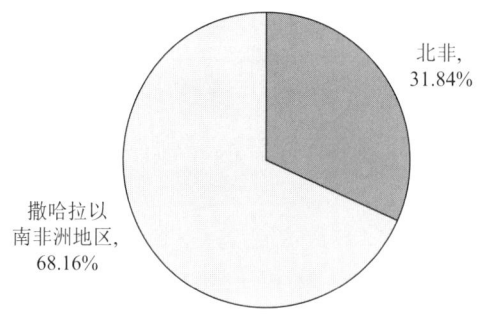

图2-8 2016年非洲地区各区域的入境游客接待情况

资料来源：联合国世界旅游组织（UNWTO）

6. 中东地区的入境游客接待量再度出现下降

2016年中东地区继续受到政局不稳定、恐怖袭击等负面因素的影响，接待国际游客数量约为5400万人次，同比下降约4%。

（二）全球入境旅游客流向新兴经济体国家流动有所放缓

1. 发达经济体与新兴经济体之间的差异继续扩大，新兴经济体增速放缓明显

近年来，新兴经济体的入境旅游人数正在逐步增加，但增幅却明显低于发达经济体，与发达经济体之间的差距反而在逐渐扩大。在2000年，发达经济体与新兴经济体的入境旅游人数的差异为1.74亿，而2012年，发达经济体与新兴经济体的入境旅游人数的差异已缩减至0.78亿，之后这种差异却逐年扩大，考虑到当前国际政治经济的整体形势，预期发达经济体与新兴经济体的入境旅游人数的差异还将进一步扩大。

图2-9　2000—2016年发达经济体与新兴经济体的入境旅游规模对比

资料来源：联合国世界旅游组织（UNWTO）

2. 全球入境旅游客流向新兴经济体国家流动继续放缓

2016年新兴经济体入境旅游人数同比增长率（2.6%）继去年之后继续低于同期发达经济体入境旅游人数的同比增长率（4.9%），国际旅游客流向新兴经济体国家的流动速度继续低于向发达经济体国家的流动速度。

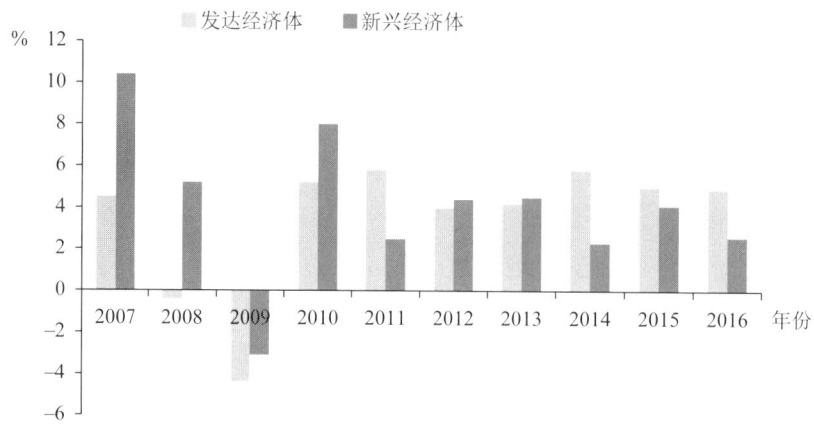

图 2-10　2007—2015 年发达与新兴经济体入境旅游增长率对比

资料来源：联合国世界旅游组织（UNWTO）

第二节　2016 年中国主要客源国的客源产出状况

一、韩国

2016 年在摆脱了中东呼吸症候群（MERS）和日元贬值的负面影响后，韩国国民赴海外旅游的热度持续升温，出境旅游市场持续回暖，全年出境旅游总人数达到 2238.32 万人次，同比增长 15.9%。

2016 年根据全球最大的在线旅游公司 Expedia 的调查数据显示：韩国人最喜欢的出境旅游目的地是日本，其中大阪的受欢迎程度最高。大阪距韩国只有 2 个小时的航程，相对较近。且大阪毗邻日本故都京都，特色美食众多，因此一直深受韩国游客青睐。排在大阪之后的出境旅游目的地依次是：冲绳、东京、中国台北、福冈、关岛、中国香港。

2016 年 1—12 月赴韩外国游客总人数达到 1724.18 万人次，为历史最高水平。自《太阳的后裔》等韩剧热播以来，韩流热潮再次点燃中国游客赴韩热情，从而带动来韩中国游客迅速增加，但从去年下半年起，赴韩中国游客数量持续呈减少趋势,这或与"萨德"入韩导致韩中关系趋冷有关。

2016年韩国旅华市场继续保持上升势头,全年韩国赴华游客总量为476.22万人次,同比增长7.2%。

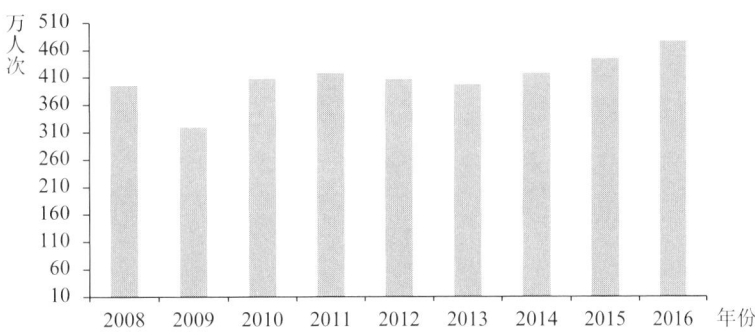

图2-11　2008—2016年韩国赴华游客数量表

资料来源:国家旅游局数据中心

二、日本

近年来,日本出境旅游市场波动不断,2016年日本出境旅游市场总量为1711.64万人次,同比增长5.6%,为近五年来首次出现的正增长。

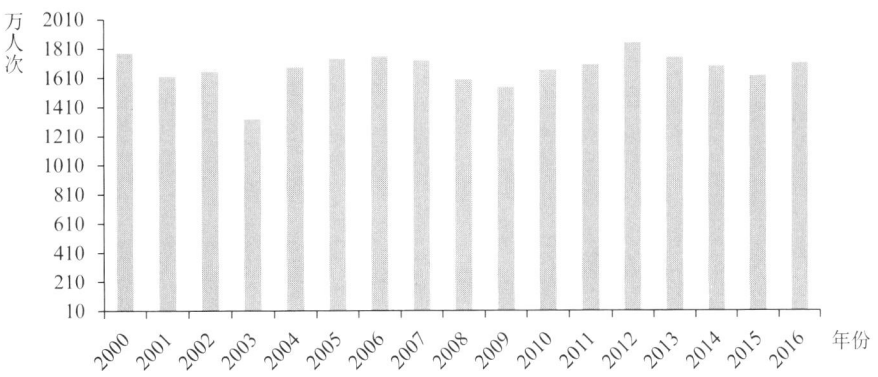

图2-12　2000—2016年日本出境旅游市场规模状况

资料来源:Japan Tourism Marketing Co.

2016年日本出境旅游排名前十的目的地分别是美国、中国、韩国、中国台湾、夏威夷（美国）、泰国、中国香港、新加坡、关岛（美国）、越南。

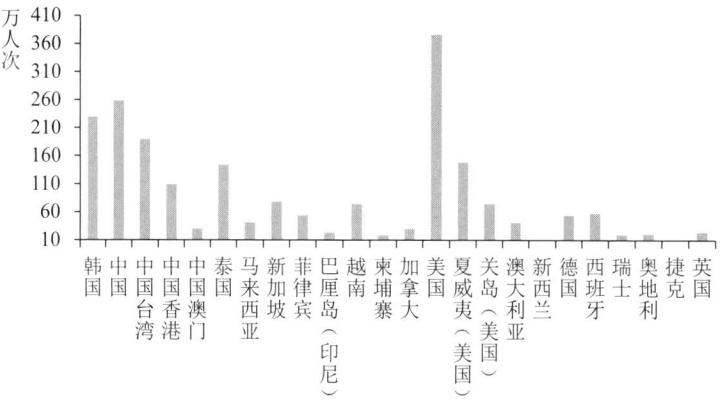

图 2-13　2016 年日本主要出境旅游目的地分布状况

资料来源：Japan Tourism Marketing Co.

2016 年日本前往英国、韩国、澳大利亚、中国台湾、新西兰、越南、加拿大等国家和地区的游客数量增长较快，其中以英国和韩国的增速最高，分别为 26.7% 和 25.0%。2016 年日本前往马里亚纳群岛、德国、匈牙利、捷克、马来西亚、瑞士、奥地利等国家的游客数量减少较快，其中以马里亚纳群岛、德国的减速最高，分别为 -24.6% 和 -15.8%。

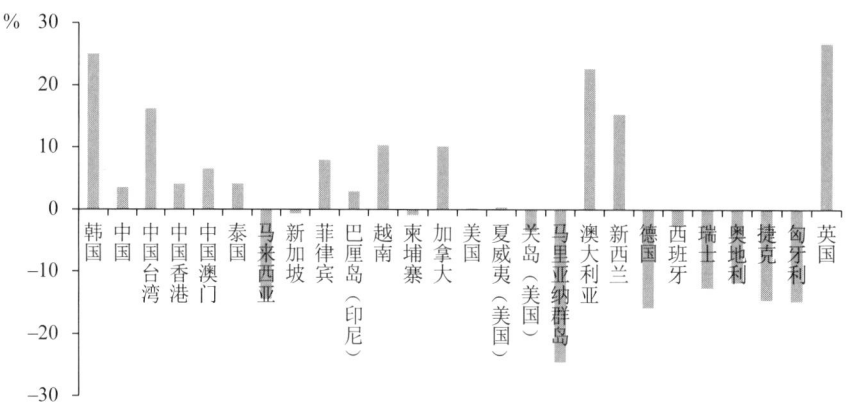

图 2-14　2016 年日本主要出境旅游目的地增长情况表

资料来源：Japan Tourism Marketing Co.

2016年日本赴华游客总量为258.74万人次，同比增长3.6%。

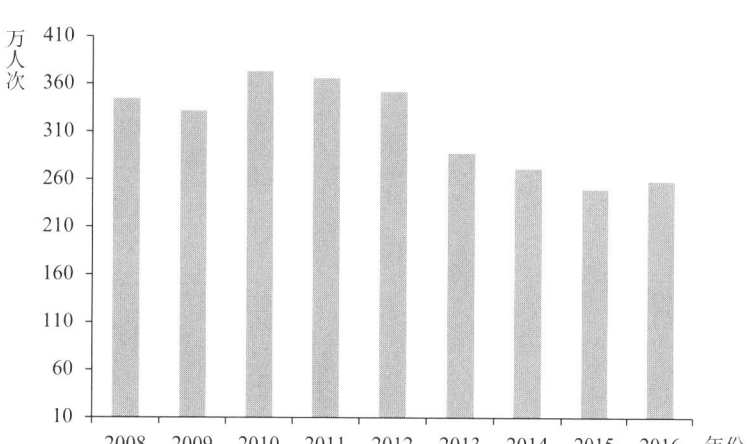

图2-15　2008—2016年日本赴华游客数量表

资料来源：国家旅游局数据中心

三、俄罗斯

目前旅游业实现的社会生产总值约占俄罗斯国民生产总值的1.5%，而在多数发达国家这一比例可达10%，这也意味着俄罗斯旅游业依然拥有较大的发展空间。旅游业是俄罗斯经济发展的催化剂，可以促进地区综合发展，特别是对带动当地就业和拉动中小企业发展具有重要意义。

来自俄罗斯联邦经商参处的信息显示，2016年俄罗斯出境旅游市场规模同比下降6%。其中，2016年上半年俄罗斯人出境游达1320万次，较2015年同期下降13.1%，总体下降趋势同2015年相比已有所减缓。就出境旅游目的地的热度状况而言，俄罗斯游客最青睐的排名前三旅游目的地国家主要是格鲁吉亚、芬兰、哈萨克斯坦。

俄罗斯游客赴欧洲国家旅游的阻力主要来自办理签证需采集生物识别数据等负面因素。2016年俄罗斯出境旅游出现恢复的旅游目的地国家主要是希腊、西班牙、泰国、越南、意大利、保加利亚、突尼斯、塞浦路斯、多米尼加共和国等。2016年俄罗斯出境旅游出现显著减少的旅游目的地国家主要是土耳其和埃及，作为俄罗斯游客原本最为青睐的两大出国旅游目的地，土耳其和埃及在俄罗斯游客中的受欢迎程度急剧下降，其中俄罗斯赴土耳其旅游的游客数量甚至减少了近9成。

根据2014年起俄罗斯开始使用的新旅游人次统计方法，2016年最受俄罗斯人欢迎的出境旅游目的地国家前五名分别是：芬兰、中国、爱沙尼亚、波兰和德国。其中，中国也是俄罗斯游客出境游增幅最大的目的地国家之一。

2016年俄罗斯赴华游客总量为197.60万人次，同比增长24.9%。

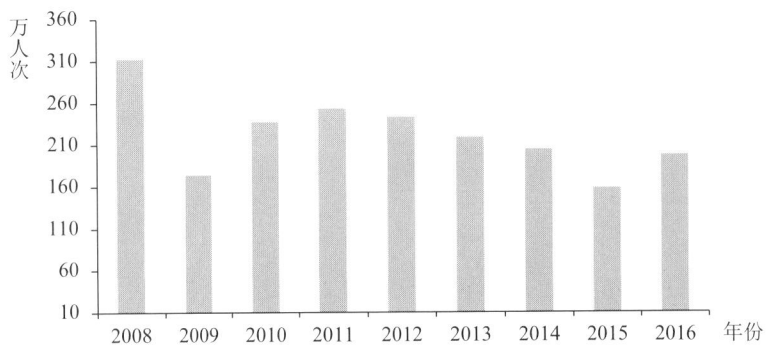

图2-16　2008—2016年俄罗斯赴华游客数量表

资料来源：国家旅游局数据中心

四、美国

根据美国商务部国家旅游办公室发布的最新统计数据，2016年1—11月美国公民出境旅游总人数为7256万人次，同比增长8.0%。其中，北美及欧洲在美国出境旅游市场中占据最重要的分量，其市场份额分别为56.1%和17.3%。具体到出境旅游目的地国家而言，墨西哥是美国的第一大出境旅游目的地国家，占全美出境旅游市场的38.3%，加拿大是美国的第二大出境旅游目的地国家，占全美出境旅游市场的17.8%。

从各目的地区域的增长状况来看，2016年美国出境旅游目的地中增速最快的是大洋洲和亚洲，增速分别为11.5%和9.5%；增速最慢的出境旅游目的地区域是加勒比海地区和非洲，增速分别为2%和3.8%。

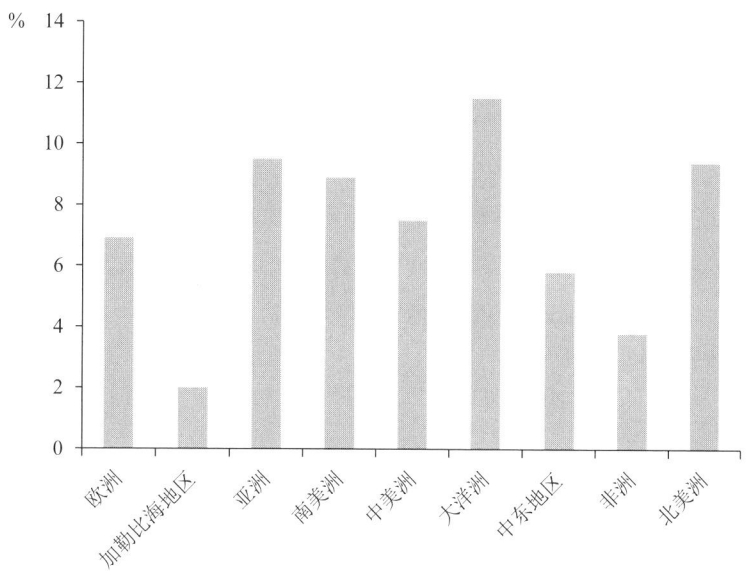

图2-17 2016年美国出境游客赴全球各区域的市场增长情况表

资料来源：美国商务部国家旅游办公室

2016年美国赴华游客总量为224.78万人次，同比增长7.8%。

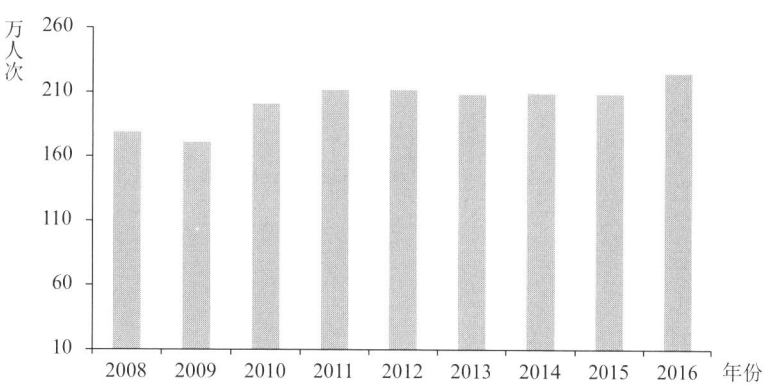

图2-18 2008—2016年美国赴华游客数量表

资料来源：国家旅游局数据中心

五、新加坡

新加坡是东南亚最重要的旅游国家之一,也是人们出国旅游时重要的交通中转站。旅游业多年以来一直是新加坡的经济主体和外汇收入的主要来源。1982年新加坡旅游业接待外国游客达280多万人次,超过本国人口总量。经过将近30年的发展,每年接待游客数量超过1500万人次,其规模为本国国民数量的3倍以上。每年出境旅游的新加坡游客数量也超过900万人次,其规模接近本国国民数量的2倍。

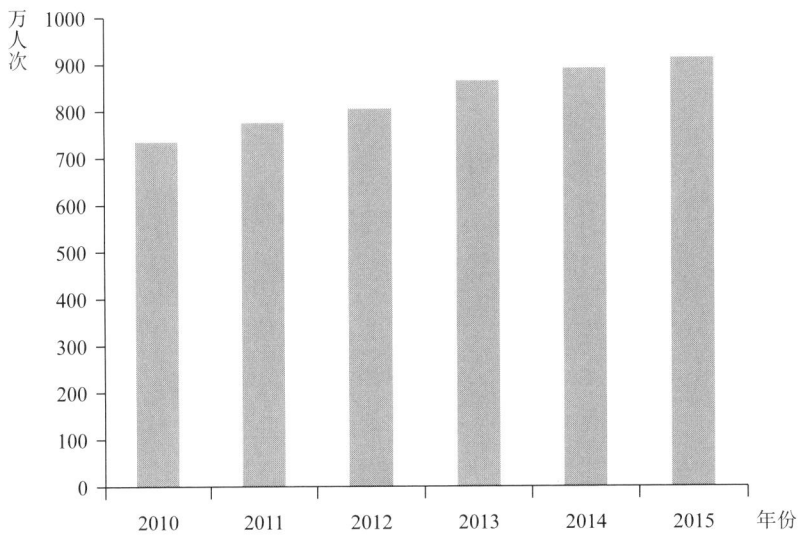

图2-19 2010—2015年新加坡出境旅游市场规模状况

资料来源:新加坡旅游局

2016年新加坡旅游业再次取得丰硕业绩:新加坡接待入境游客1640万人次,同比增长7.7%;旅游收益初步估算达248亿新币(约合1221亿元),涨幅约13.9%,入境游客人数和旅游收益均创历史新高。其中,游客在购物、住宿和餐饮方面的消费是带动旅游收益增长的主要原因。中国是新加坡入境旅游的第二大客源国,来自中国游客的旅游外汇收入则连续两年排名各客源国首位。

2016年新加坡赴华游客总量为92.19万人次,同比增长1.8%。

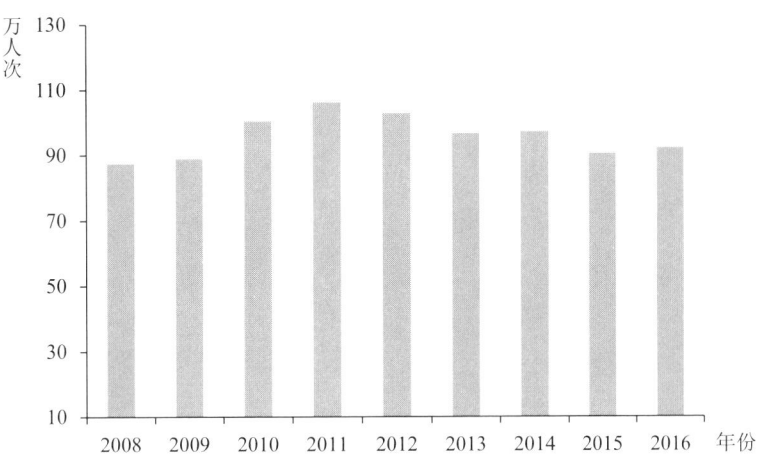

图 2-20 2008—2016 年新加坡赴华游客数量表

资料来源：国家旅游局数据中心

六、澳大利亚

近年来，澳大利亚的矿业发展持续低迷，迫使澳大利亚这个以天然矿业为支柱的国家必须尽快调整自己的经济、产业结构。而随着澳元的持续走低，加上本地独一无二的自然景观和人文环境，澳大利亚的旅游业反倒呈现出了蓬勃发展的趋势。澳大利亚统计局发布的最新数据显示，2015—2016 年，旅游业保持经济强势增长，是 GDP 整体增速的 3 倍以上。

来自澳大利亚旅游研究院（Tourism Research Australia）的数据显示，2016 年澳大利亚出境旅游总人数达到了 885 万人次，其中，休闲观光度假的总人数为 505.6 万人次，占出境旅游总人数的 57.13%，探亲访友、商务及其他的总人数为 379.5 万人次，占出境旅游总人数的 42.87%。预计 2017 年澳大利亚出境旅游将会增加至 1000 万人次，到 2024—2025 年，澳大利亚出境旅游人数有望达到 1300 万人次。

2016 年澳大利亚出境旅游排名前十的目的地分别是新西兰、印度尼西亚、美国、英国、泰国、中国、新加坡、日本、斐济、印度。

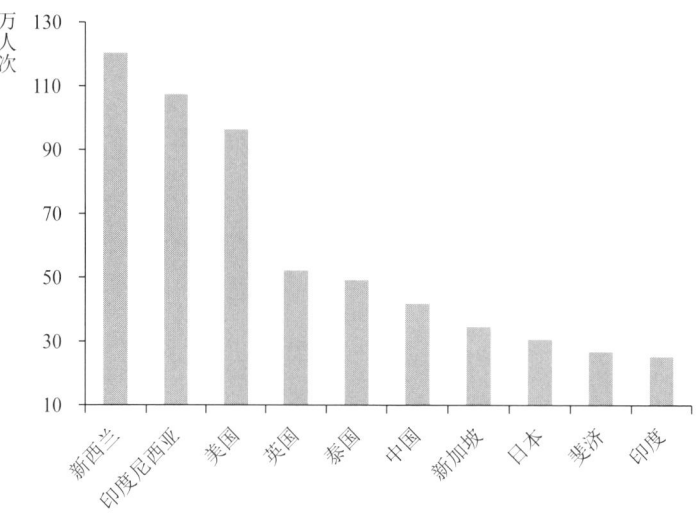

图 2-21 2016 年澳大利亚主要出境旅游目的地国家分布状况

资料来源：澳大利亚旅游研究院

2016 年澳大利亚赴华游客总量为 67.32 万人次，同比增长 5.6%。

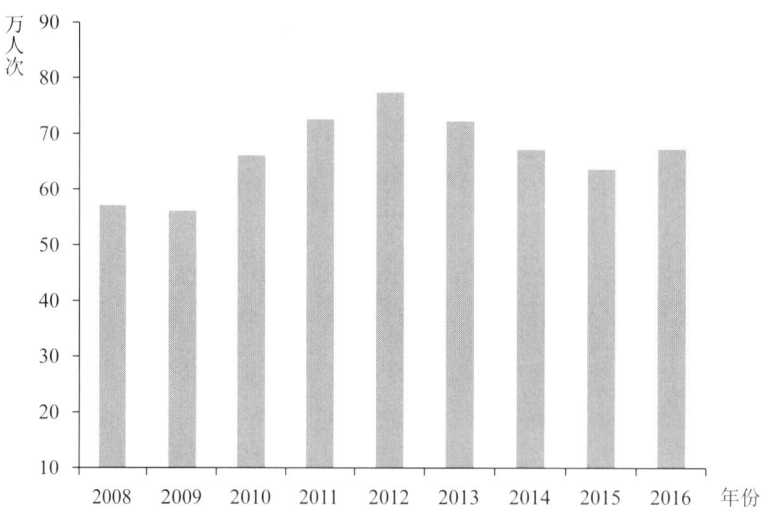

图 2-22 2008—2016 年澳大利亚赴华游客数量表

资料来源：国家旅游局数据中心

七、德国

德国民众素来有热爱旅行的偏好,有超过4%的德国民众长期在国外流动。自从"伊斯兰国"组织活动频繁以来,其后欧洲发生的希腊债务危机,德国外交部提醒民众合理选择出游时机,以免恐怖威胁等损害自身安全,德国出境旅游略受影响。

2016年德国游客旅行时长超过5天的假期旅行人数为6870万人次,其中出境旅游约占70%。从德国出境旅游目的地的地域格局分布来看,地中海地区占51.12%,西欧占16.67%,东欧占16.67%,斯堪的纳维亚半岛占4.62%,长途旅行占10.92%。

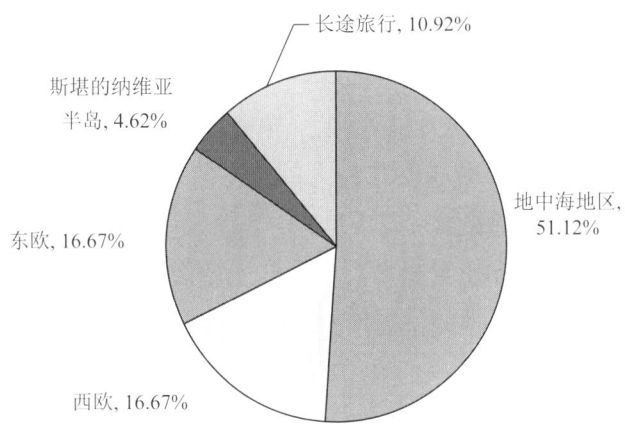

图2-23　2016年德国主要出境旅游目的地区域格局状况

资料来源:德国联邦统计局

结合具体的出境旅游目的地国家而言,最受德国游客欢迎的10大出境旅游目的地分别是:西班牙(14.8%)、意大利(8.2%)、土耳其(5.6%)、澳大利亚(4.6%)、希腊(3.5%)、克罗地亚(3.2%)、法国(2.6%)、新西兰(2.6%)、波兰(2.0%)、丹麦(1.7%)。

图 2-24　2016 年德国主要出境旅游目的地国家分布状况

资料来源：德国联邦统计局

中德之间的经济联系非常密切，中国是德国全球第三大贸易伙伴和第二大进口来源国，德国则是中国在欧洲最大的贸易伙伴、外资和技术引进来源地。中德两国贸易额一直占中欧贸易的近 1/3，相当于中国与英国、法国、意大利三国的总和。与密切的经济往来相比，两国的旅游交往发展水平并不高。每年德国来华游客的规模与英国来华游客的规模相当，但中英贸易额不足中德贸易额的一半，而且德国出境旅游人数远高于英国，未来德国游客来华旅游市场依然有较大的增长空间。

2016 年德国赴华游客总量为 62.27 万人次，同比下降 0.1%。

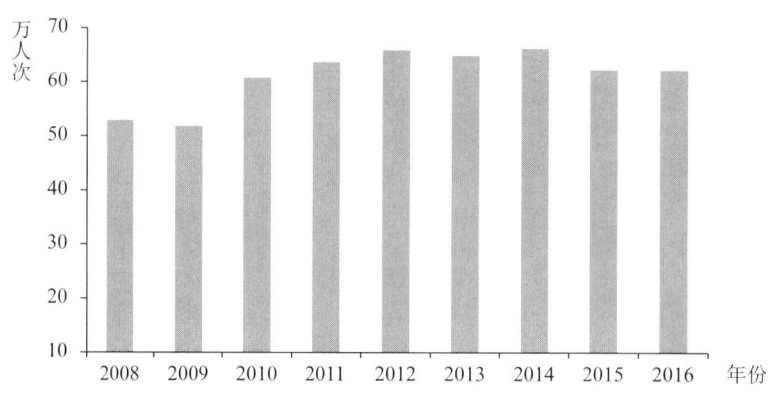

图 2-25　2008—2016 年德国赴华游客数量表

资料来源：国家旅游局数据中心

八、泰国

近年来泰国人在节日和长假外出旅游已渐成风气，加上2016年旅行社、酒店、航空公司、外汇兑换、金融与信用卡等相关行业争相推出各种营销活动，直接推动泰国出境旅游市场持续增长。2016年泰国出境旅游市场总量达到750万人次，同比增长6.0%。

从泰国出境旅游目的地的地域格局分布来看，泰国出境旅游一直以亚洲特别是东亚地区作为主要的旅游目的地。在东亚地区中，东盟各国是最受泰国游客青睐的传统旅游目的地，2016年前往东盟国家旅游的泰国游客数量约45万人次。2016年由于出行便利度以及签证便利度上升，日本超越东盟各国成为泰国出境旅游的热门目的地，赴日本旅游的泰国游客总量达到90.15万人次，排名各目的地国家首位。

2016年泰国赴华游客总量为74.90万人次，同比增长16.8%。

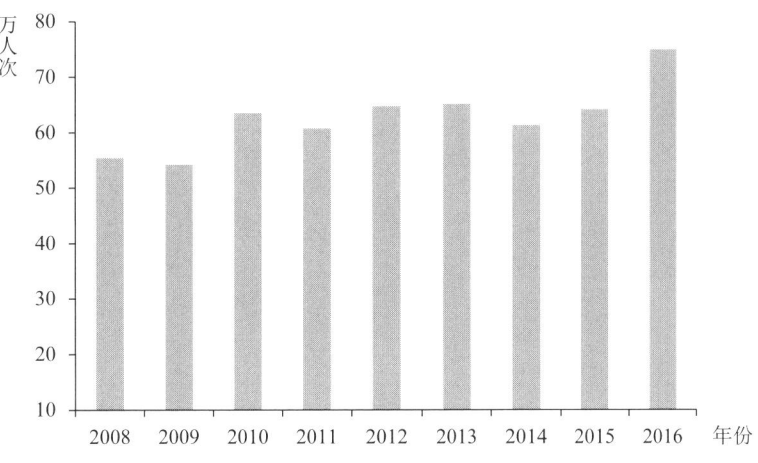

图2-26　2008—2016年泰国赴华游客数量表

资料来源：国家旅游局数据中心

九、英国

英国国家统计局（Office for National Statistics）公布的数据显示：2016年英国的出境旅游总人数为7081.5万人次，同比增长7.8%。英国出境游客的旅行目的主要是探亲访友、度假、商务，其中探亲访友占比最大，市场份额约为23.4%。

从英国出境旅游目的地的地域格局分布来看，其中有近8成是在欧洲旅游，大约1成赴北美洲旅游，不足1成的游客到亚洲旅游，其在亚洲的主要旅游目的地是：印度、中国香港、日本、泰国、新加坡、中国。2016年英国出境游客中赴欧洲旅游的总人数为5632万人次，占其出境旅游市场总量的79.5%；赴南美洲旅游的总人数是413.3万人次，占其出境旅游市场总量的5.8%；赴其他国家和地区旅游的总人数是1036.2万人次，占其出境旅游市场总量的14.6%。结合具体的目的地国家而言，西班牙、法国、意大利、爱尔兰、美国、葡萄牙、荷兰、德国、希腊、波兰、比利时、土耳其、瑞士等是英国出境游客最为青睐的目的地。2016年英国赴西班牙旅游的游客数量为1467.6万人次，约占英国出境旅游市场量的五分之一。

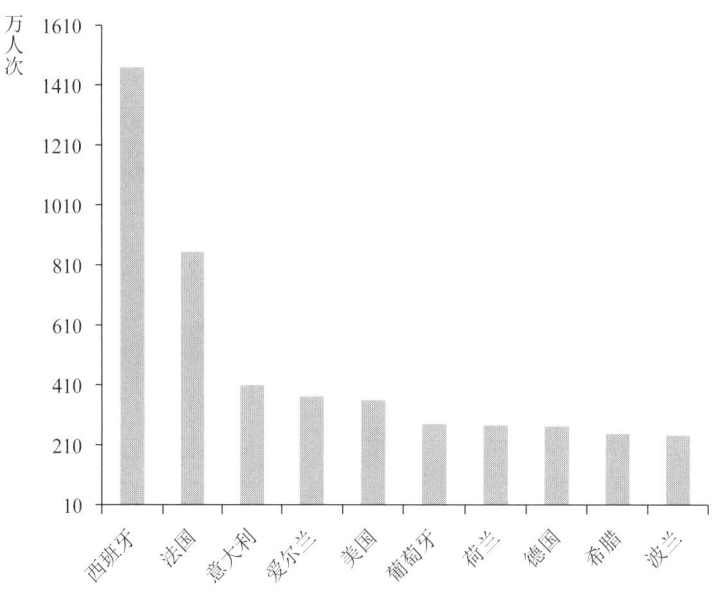

图 2-27 2016 年英国主要出境旅游目的地国家分布状况

资料来源：英国国家统计局

2016年英国赴华游客总量为59.43万人次，同比增长2.5%。

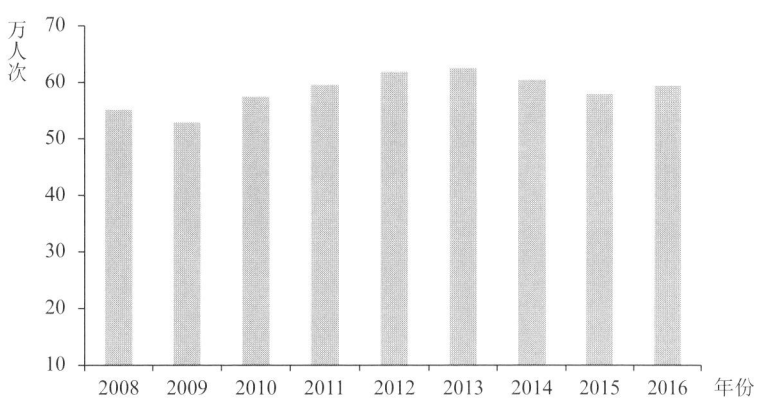

图 2-28　2008—2016 年英国赴华游客数量表

资料来源：国家旅游局数据中心

十、法国

2016年法国GDP增长率为1.1%，低于欧元区平均水平，失业率约10%，依然相对较高。2016年新增就业岗位25.5万个，新增岗位主要集中在服务行业。与法国经济表现出的稳定增长态势类似，法国出境旅游市场基本保持平稳发展态势。

来自法国国家统计与经济研究所（INSEE）的数据显示，2017年法国经济复苏的趋势日益明朗，预计GDP增速有望达到1.6%，接近欧元区的平均水平1.8%，这也将是2011年以来法国实现的最高经济增速；与此同时，失业率也将沿着2015年末开始的趋势继续下降，2017年末失业人口有望下降到就业年龄人口的9.4%。

相关调查显示，西班牙以景色多样、生活方式独特，以及特色餐馆和咖啡等生活因素的特殊优势，成为最受法国游客欢迎的海外旅游目的地；除西班牙以外，最受法国游客欢迎的海外旅游目的地是意大利，特别是罗马和威尼斯都是法国游客赴意大利旅游必不可少的旅游景点；受欢迎程度排名第三的海外旅游目的地是英国，尤其是伦敦深受法国游客喜爱。此三个国家在法国游客心目中的受欢迎比例达到40%。

在青睐西班牙、意大利、英国等三个海外热门旅游目的地之外，最受法国游客欢迎的其他海外旅游目的地国家依次是：美国、泰国、荷兰、葡萄牙、摩洛哥、阿拉伯联合酋长国、德国、比利时、土耳其、希腊等欧美国家。

2016年法国赴华游客总量为50.35万人次，同比增长3.4%。

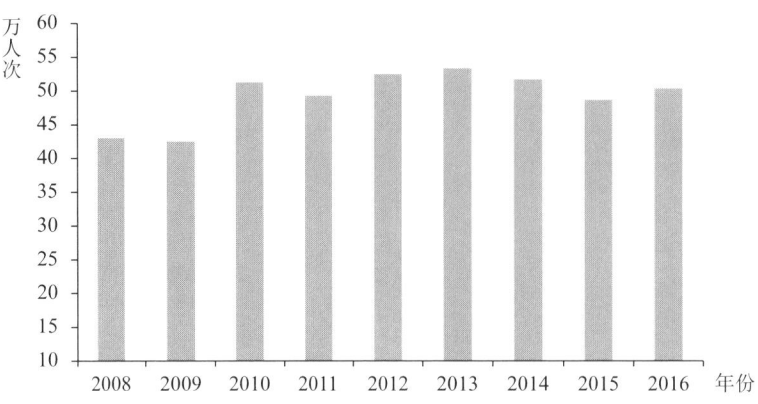

图2-29 2008—2016年法国赴华游客数量表

资料来源：国家旅游局数据中心

十一、加拿大

加拿大是全球经济最发达的国家之一，国民生活水平居世界前列。但加拿大对外贸依赖较大，经济上受美国影响较深。全球金融危机后，加拿大为刺激经济增长及时推出"经济行动计划"，使得该国经济于2009年下半年走出衰退。此后两年，出境旅游也实现较高增长。但之后，受经济发展态势不明朗、家庭债务水平居高不下、消费者信心低迷等多重因素的影响，加拿大居民出境旅游的意愿有所减弱，出境旅游市场发展后劲相对不足。

综合多年出境旅游数据的变化趋势来看，加拿大居民出境旅游的趋势与加拿大元币值的变化关联性极强。当20世纪90年代美元贬值时，加拿大游客出境旅游的总数下降。从2002年开始加拿大元开始大幅升值，加拿大游客出境旅游的规模开始再度增加。至2014年加拿大出境旅游市场总量已经达到近3500万人次。自2014年以来，加拿大元再次贬值，导致加拿大出境旅游市场再度萎缩，2015年加拿大出境游客仅为3226.96万人次，较2014年减少了3.7%。相关调查显示，近5年超过6成的加拿大人有海外旅游的经历，海外旅游次数超过3次的占11.2%。

从出境旅游的旅游目的地分布看,加拿大游客出境旅游到访最多的地区是美国和墨西哥等美洲国家,其次是英国和法国等欧洲国家。从国家分布来看,1947年,加拿大出境旅游市场中98%的游客的旅行目的是美国,这一比例在1990年下降到85%,到2015年,64%的加拿大游客出境旅游的目的地是美国。总体而言,加拿大游客出境旅游的市场增长速度超过传统的赴美国旅游的市场增长速度。

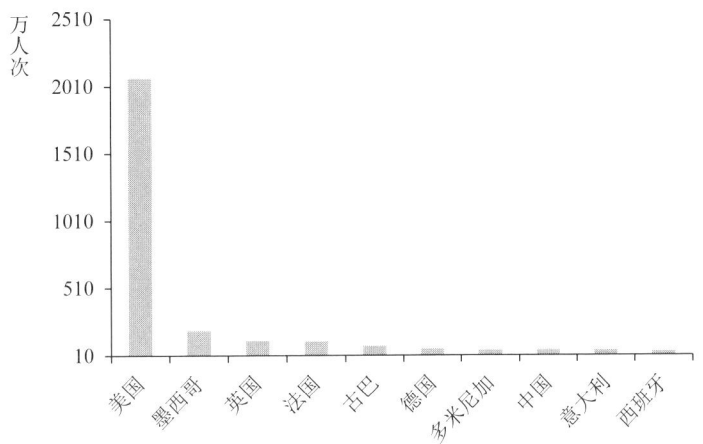

图 2-30 2016 年加拿大主要出境旅游目的地国家分布状况

资料来源:加拿大统计局

2016年加拿大赴华游客总量为74.08万人次,同比增长9.0%。

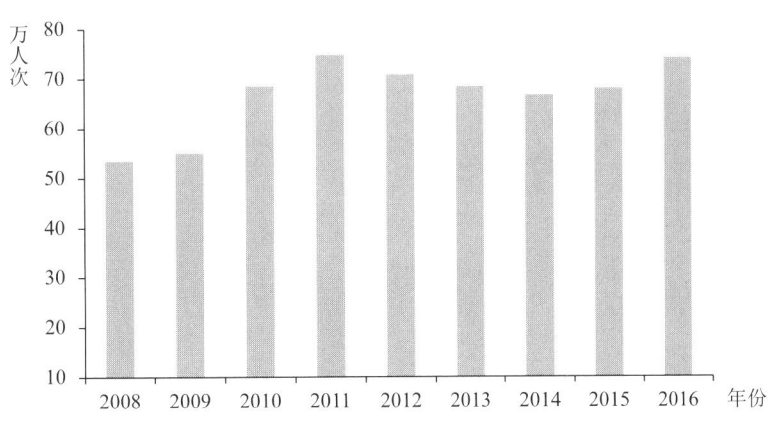

图 2-31 2008—2016 年加拿大赴华游客数量表

资料来源:国家旅游局数据中心

十二、越南

自 2000 年以来，越南来中国的游客数量持续增长。继 2015 年越南赴华旅游市场高速增长之后，2016 年越南赴华旅游市场继续高速增长。2016 年越南赴华游客总量为 316.73 万人次，同比增长 46.6%。目前，越南已经成为中国增速最快的入境旅游客源市场之一。

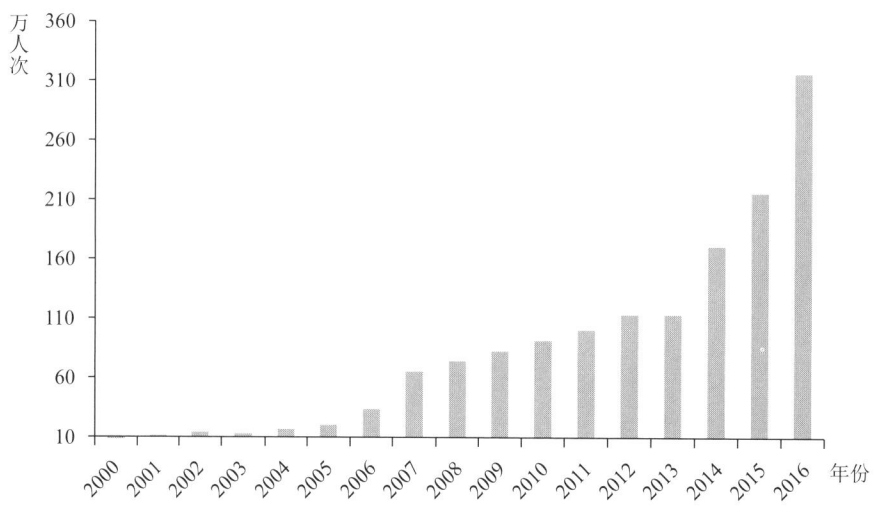

图 2-32　2000—2016 年越南赴华游客数量表

资料来源：国家旅游局数据中心

预计 2016—2021 年越南出境游人数年均增长约 9.5%，在亚太地区位居第二位，仅次于缅甸（10.6%）。据预测，2021 年，越南出境游人数将达 750 万人次左右，而 2016 年该数字为 480 万人次。中国、印度、马来西亚、泰国、印度尼西亚、菲律宾、越南、孟加拉国、缅甸和斯里兰卡等亚太地区新兴国家的出境游人数目前是该地区发达国家的 1.5 倍。

十三、印度

近年来，不断崛起与壮大的印度中产阶级，正带领印度在出境旅游市场实现新突破。印度受到良好教育的年轻中产阶级人数，在未来一段时间内将增加至6亿人,未来5年内,印度将成为世界上拥有最年轻人口的国家。

与中国出境游客偏好购物的特征类似,印度游客也表现出了较强的境外旅游消费能力。统计数字显示,约有50%的印度出境游客会花钱在购物消费上,有75%的人都会在旅行过程中购买品牌免税商品,印度游客每次出行的平均花费超过1000美元。

从游客出行的旅游目的来看,尽管商务、度假和探亲旅游仍然占据着印度出境旅游的较大比重,但随着印度出境游市场的消费升级,越来越多人开始选择高端旅游、境外体育、婚礼蜜月、邮轮旅游等更为丰富的旅游线路产品。

印度游客在出境旅游目的地的选择方面,仍然比较热衷于泰国、新加坡、美国、马来西亚等传统旅游目的地。与此同时,也有趋势显示,与印度临近的斯里兰卡、尼泊尔、中国和日本等国家,正日渐受到更多印度游客的欢迎。

中印合作的重要基础是加深两国人民的了解和友谊,在这方面旅游起着不可替代的独特作用。2015年在中国举办"印度旅游年",2016年在印度举办"中国旅游年",成为双方旅游发展的契机。印度游客的来华旅游目的目前依然以商务为主,参加会议、展览的比例较高,而观光和度假的比例总体偏低。究其原因而言,收入和消费水平是制约印度游客来华旅游的主要因素。

2016年印度赴华游客总量为79.91万人次,同比增长9.4%。

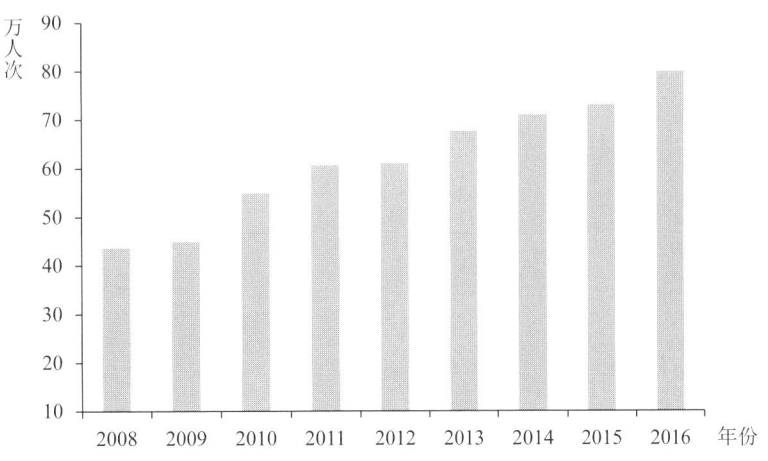

图2-33　2008—2016年印度赴华游客数量表

资料来源:国家旅游局数据中心

第三章

2016年中国入境旅游的流向与路径

第一节 典型城市入境旅游客流的流向

一、北京市：东北向、东南向、西向、南向、西南向

中国旅游研究院2016年的抽样调查资料显示，入境游客以北京为节点向外部扩散，排名前10位的主要扩散目的地城市依次为：沈阳、上海、西安、重庆、天津、成都、广州、深圳、昆明、杭州。

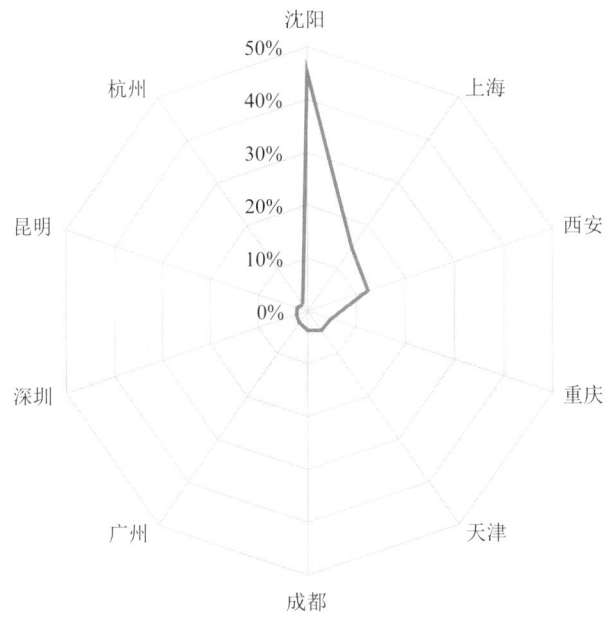

图3-1 入境游客以北京为节点向其他城市扩散雷达图

从入境游客以北京为节点向其他城市扩散的数量份额来看，北京扩散至沈阳的游客最多，占总扩散人次的45.31%，排名第一；其次是北京扩散至上海的游客，占总扩散人次的14.76%，排名第二；北京扩散至西安的游客占总扩散

人次的 12.33%，排名第三；北京扩散至重庆的游客占总扩散人次的 4.86%，排名第四；北京扩散至天津的游客占总扩散人次的 4.51%，排名第五；北京扩散至成都的游客占总扩散人次的 3.65%，排名第六；北京扩散至广州的游客占总扩散人次的 2.78%，排名第七；北京扩散至深圳的游客占总扩散人次的 2.26%，排名第八；北京扩散至昆明的游客占总扩散人次的 2.08%，排名第九；北京扩散至杭州的游客占总扩散人次的 1.56%，排名第十。

由此可见，入境游客以北京为节点向其他城市扩散的近程性和等级性特征均十分显著：超过 72.40% 的入境游客扩散至沈阳、上海、西安等一线城市、旅游资源同样丰富的城市或者邻近省会城市；有 18.06% 的入境游客扩散至重庆、天津、成都、广州、深圳等直辖市、省会城市、一线城市；另有 3.65% 的入境游客扩散至昆明、杭州等省会城市和旅游城市；其余极少数游客扩散至其他城市。

按照客流的扩散方向，入境游客以北京为节点向其他城市扩散主要集中在五个方向：东北向、东南向、西向、南向、西南向。

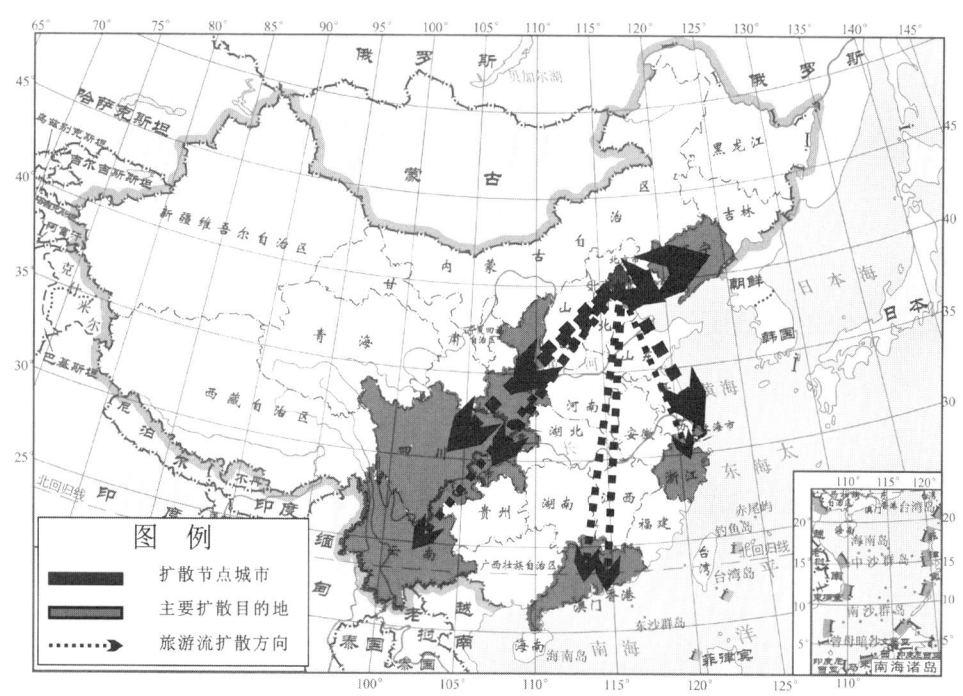

图 3-2　入境游客以北京为节点的扩散方向示意图

资料来源：国家测绘地理信息局网站。审图号：GS(2008)1360 号。

二、上海市：北向、南向、西北向、西向、西南向

中国旅游研究院2016年的抽样调查资料显示，入境游客以上海为节点向外部扩散，排名前10位的主要扩散目的地城市依次为：北京、杭州、西安、南京、深圳、成都、重庆、广州、苏州、天津。

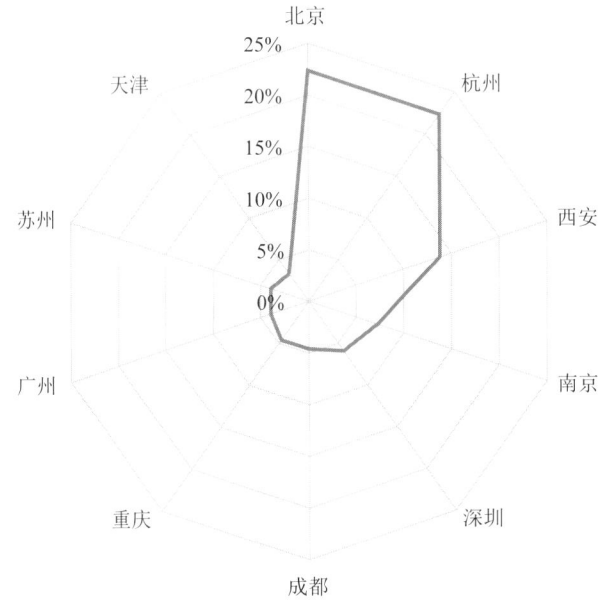

图3-3 入境游客以上海为节点向其他城市扩散雷达图

从入境游客以上海为节点向其他城市扩散的数量份额来看，上海扩散至北京、杭州的游客最多，各自均占总扩散人次的22.37%，并列第一；上海扩散至西安的游客占总扩散人次的13.82%，排名第三；上海扩散至南京的游客占总扩散人次的7.24%，排名第四；上海扩散至深圳的游客占总扩散人次的5.92%，排名第五；上海扩散至成都、重庆的游客，各自均占总扩散人次的4.61%，并列第第六名；上海扩散至广州、苏州的游客，各自均占总扩散人次的3.95%，并列第八名；上海扩散至天津的游客占总扩散人次的3.29%，排名第十。

由此可见，入境游客以上海为节点向其他城市扩散的等级性和近程性特征均十分显著：超过36.18%的入境游客扩散至北京、西安等一线城市，或者旅游资源十分丰富的热点旅游城市；有33.55%的入境游客扩散至杭州、南京、苏州等具有丰富旅游资源的省会城市及邻近城市；另有22.37%的入境游客扩散至深圳、成都、重庆、广州、天津等一线城市、直辖市、省会城市等旅游资源十分丰富的特色旅游城市；其余极少数游客扩散至其他城市。

按照客流的扩散方向，入境游客以上海为节点向其他城市扩散主要集中在五个方向：北向、南向、西北向、西向、西南向。

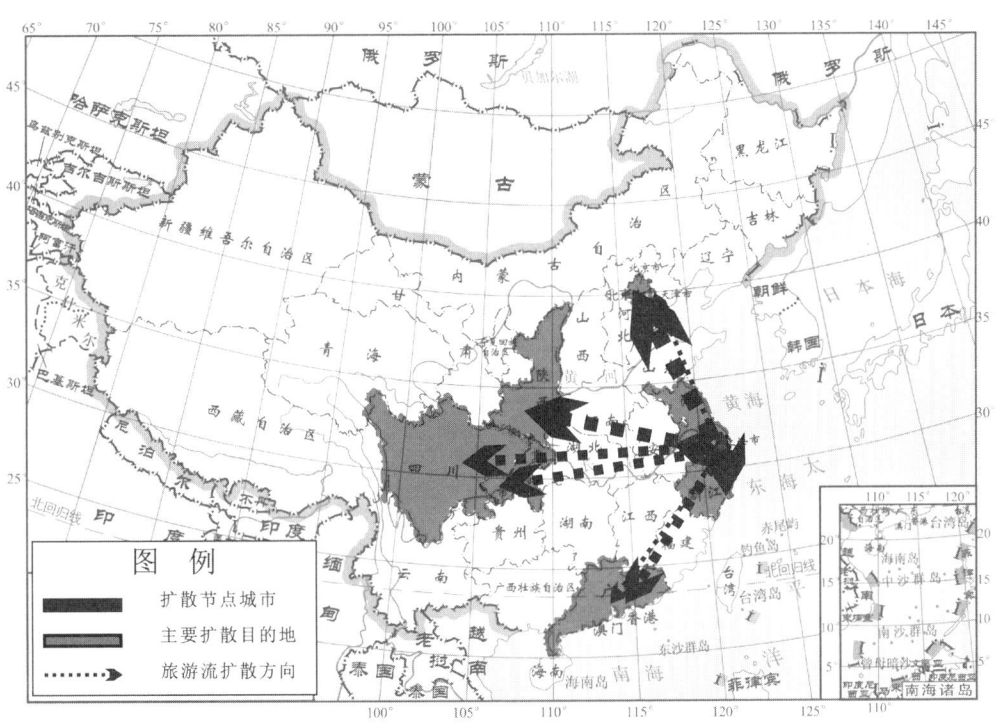

图3-4 入境游客以上海为节点的扩散方向示意图

资料来源：国家测绘地理信息局网站。审图号：GS(2008)1360号。

三、广州市:省内、东北向、北向、西北向

中国旅游研究院 2016 年的抽样调查资料显示,入境游客以广州为节点向外部扩散,排名前 10 位的主要扩散目的地城市依次为:深圳、珠海、上海、北京、中山、重庆、佛山、桂林、成都、香港。

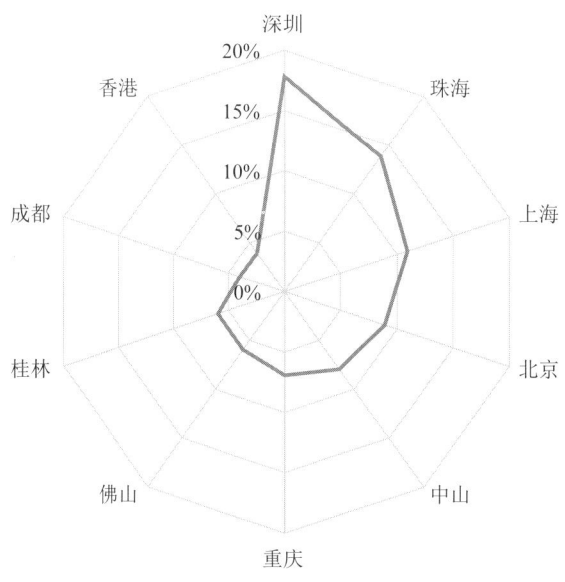

图 3-5 入境游客以广州为节点向其他城市扩散雷达图

从入境游客以广州为节点向其他城市扩散的数量份额来看,广州扩散至深圳的游客最多,占总扩散人次的 17.82%,排名第一;其次是广州扩散至珠海的游客,占总扩散人次的 13.86%,排名第二;广州扩散至上海的游客占总扩散人次的 10.89%,排名第三;广州扩散至北京的游客占总扩散人次的 8.91%,排名第四;广州扩散至中山的游客占总扩散人次的 7.92%,排名第五;广州扩散至重庆的游客占总扩散人次的 6.93%,排名第六;广州扩散至佛山、桂林的游客,各自均占总扩散人次的 5.94%,并列第七;广州扩散至成都、香港的游客,各自均占总扩散人次的 3.96%,并列第九。

由此可见，入境游客以广州为节点向其他城市扩散的近程特征强于等级性特征：超过49.50%的入境游客扩散至深圳、珠海、中山、佛山、香港等邻近的特色旅游城市；另有36.63%的入境游客扩散至上海、北京、重庆、桂林、成都等一线城市、直辖市、省会城市，或者旅游资源十分丰富的城市；其余极少数游客扩散至其他城市。

按照客流的扩散方向，入境游客以广州为节点向其他城市扩散主要集中在四个方向：省内、东北向、北向、西北向。

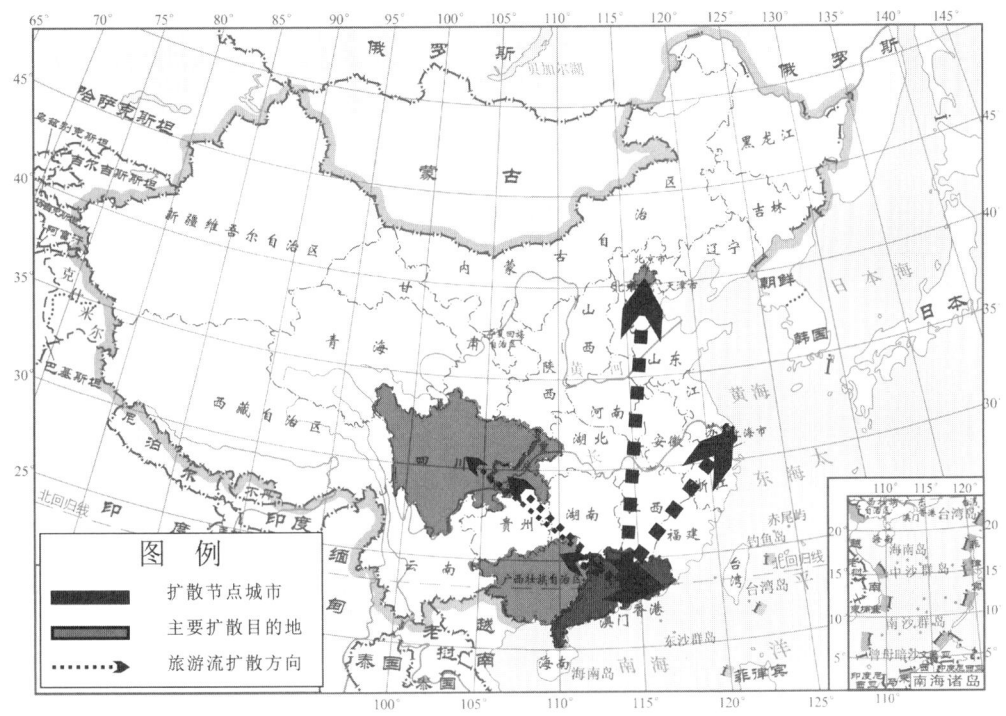

图3-6 入境游客以广州为节点的扩散方向示意图

资料来源：国家测绘地理信息局网站。审图号：GS(2008)1360号。

四、西安市：东北向、东向、西南向、南向、西向

中国旅游研究院 2016 年的抽样调查资料显示，入境游客以西安为节点向外部扩散，排名前 10 位的主要扩散目的地城市依次为：北京、上海、成都、杭州、昆明、桂林、重庆、青岛、广州、厦门。

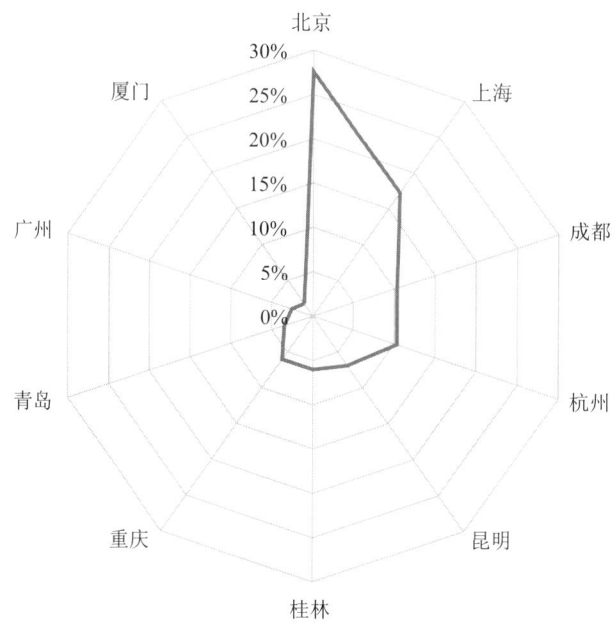

图 3-7 入境游客以西安为节点向其他城市扩散雷达图

从入境游客以西安为节点向其他城市扩散的数量份额来看，西安扩散至北京的游客最多，占总扩散人次的 27.59%，排名第一；其次是西安扩散至上海的游客，占总扩散人次的 17.24%，排名第二；西安扩散至成都、杭州的游客，各自均占总扩散人次的 10.34%，并列第三；西安扩散至昆明的游客占总扩散人次的 6.90%，排名第五；西安扩散至桂林、重庆的游客，各自均占总扩散人次的 6.03%，并列第六；西安扩散至青岛的游客占总扩散人次的 3.45%，排名第八；西安扩散至广州的游客占总扩散人次的 2.59%，排名第九；西安扩散至厦门的

游客占总扩散人次的 1.72%，排名第十。

由此可见，入境游客以西安为节点向其他城市扩散的等级性特征强于近程性特征：超过 68.10% 的入境游客扩散至北京、上海、杭州、昆明、桂林等一线城市、省会城市，或者旅游资源十分丰富的城市；有 16.38% 的入境游客扩散至成都、重庆等省会城市、直辖市和热点旅游城市；另有 7.76% 的入境游客扩散至青岛、广州、厦门等热点旅游城市、直辖市等；其余极少数游客扩散至其他城市。

按照客流的扩散方向，入境游客以西安为节点向其他城市扩散主要集中在五个方向：东北向、东向、西南向、南向、西向。

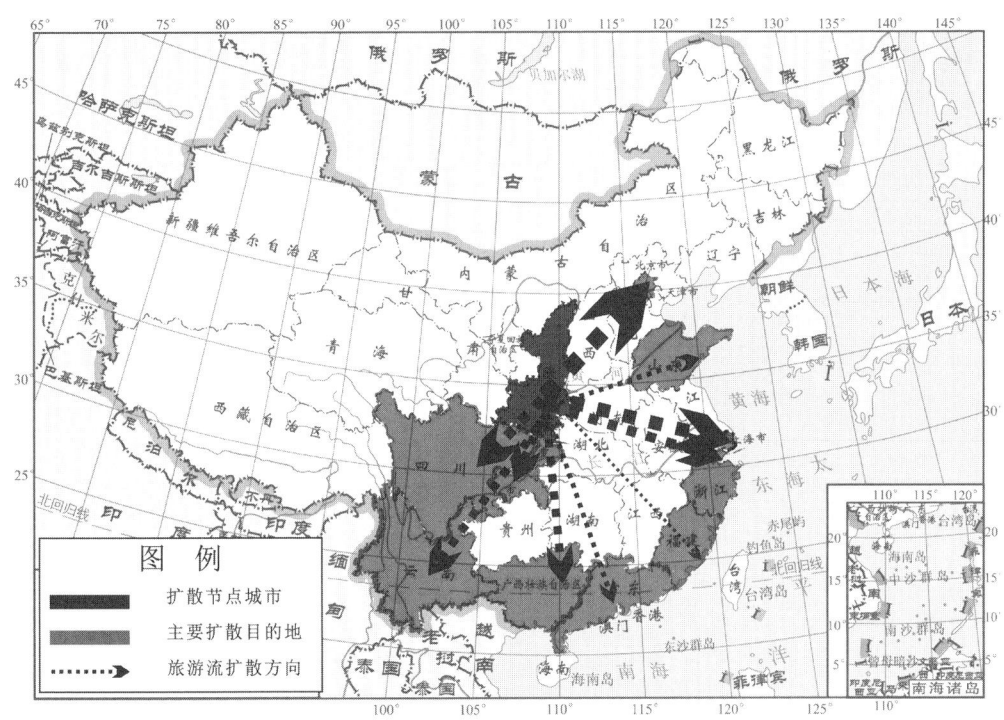

图 3-8　入境游客以西安为节点的扩散方向示意图

资料来源：国家测绘地理信息局网站。审图号：GS(2008)1360 号。

五、成都市：东向、西南向、东北向、省内及北向、东南向

中国旅游研究院2016年的抽样调查资料显示，入境游客以成都为节点向外部扩散，排名前10位的主要扩散目的地城市依次为：重庆、昆明、北京、九寨沟、桂林、深圳、西安、上海、厦门、乐山。

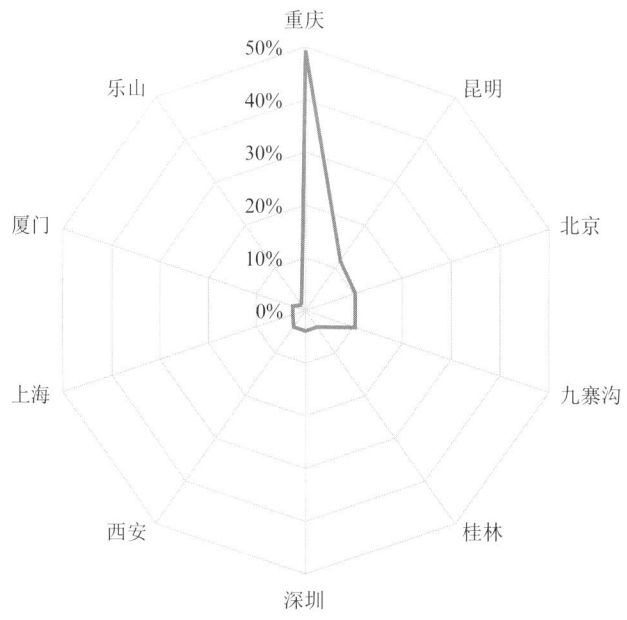

图3-9 入境游客以成都为节点向其他城市扩散雷达图

从入境游客以成都为节点向其他城市扩散的数量份额来看，成都扩散至重庆的游客最多，占总扩散人次的49.35%，排名第一；其次是成都扩散至昆明的游客，占总扩散人次的11.69%，排名第二；成都扩散至北京、九寨沟的游客，各自均占总扩散人次的10.39%，并列第三；成都扩散至桂林、深圳、西安的游客，各自均占总扩散人次的3.90%，并列第五；成都扩散至上海、厦门的游客，各自均占总扩散人次的2.60%，并列第八；成都扩散至乐山的游客占总扩散人次的1.30%，排名第十。

由此可见，入境游客以成都为节点向其他城市扩散的近程性特征强于等级性特征：超过 64.94% 的入境游客扩散至重庆、九寨沟、西安、乐山等直辖市、省会城市、省内邻近的特色旅游城市；有 29.87% 的入境游客扩散至昆明、北京、桂林、深圳等一线城市、省会城市，或者旅游资源十分丰富的城市；另有 5.19% 的入境游客扩散至上海、厦门等直辖市，以及热点旅游城市；其余极少数游客扩散至其他城市。

按照客流的扩散方向，入境游客以成都为节点向其他城市扩散主要集中在五个方向：东向、西南向、东北向、省内及北向、东南向。

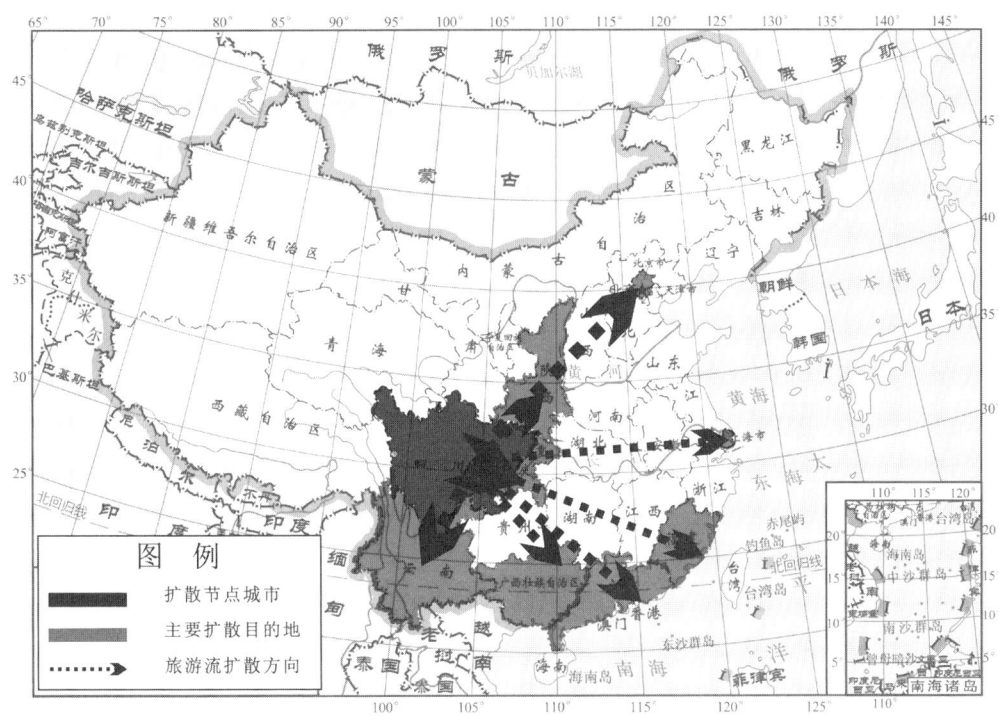

图 3-10　入境游客以成都为节点的扩散方向示意图

资料来源：国家测绘地理信息局网站。审图号：GS(2008)1360 号。

六、重庆市：西向、北向、东向、南向、西南向

中国旅游研究院 2016 年的抽样调查资料显示，入境游客以重庆为节点向外部扩散，排名前 10 位的主要扩散目的地城市依次为：成都、贵阳、北京、长沙、广州、西安、广安、南宁、昆明、深圳。

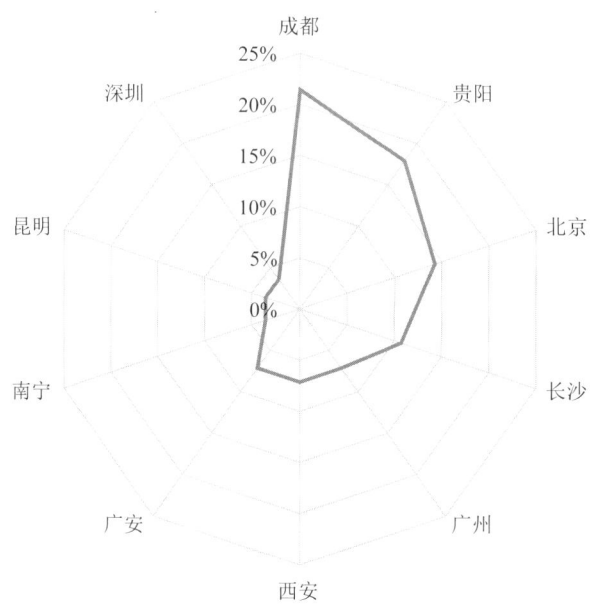

图 3-11　入境游客以重庆为节点向其他城市扩散雷达图

从入境游客以重庆为节点向其他城市扩散的数量份额来看，重庆扩散至成都的游客最多，占总扩散人次的 21.43%，排名第一；其次是重庆扩散至贵阳的游客，占总扩散人次的 17.86%，排名第二；重庆扩散至北京的游客占总扩散人次的 14.29%，排名第三；重庆扩散至长沙的游客占总扩散人次的 10.71%，排名第四；重庆扩散至广州、西安、广安的游客，各自均占总扩散人次的 7.14%，并列第五；重庆扩散至南宁、昆明、深圳的游客，各自均占总扩散人次的 3.57%，并列第八。

由此可见，入境游客以重庆为节点向其他城市扩散的近程性特征强于等级性特征：超过64.29%的入境游客扩散至成都、贵阳、长沙、西安、广安等邻近省会城市，或者邻近的热点旅游城市；有21.43%的入境游客扩散至北京、广州等一线城市和热点旅游城市；另有10.71%的入境游客扩散至南宁、昆明、深圳等省会城市、一线城市和热点旅游城市；其余极少数游客扩散至其他城市。

按照客流的扩散方向，入境游客以重庆为节点向其他城市扩散主要集中在五个方向：西向、北向、东向、南向、西南向。

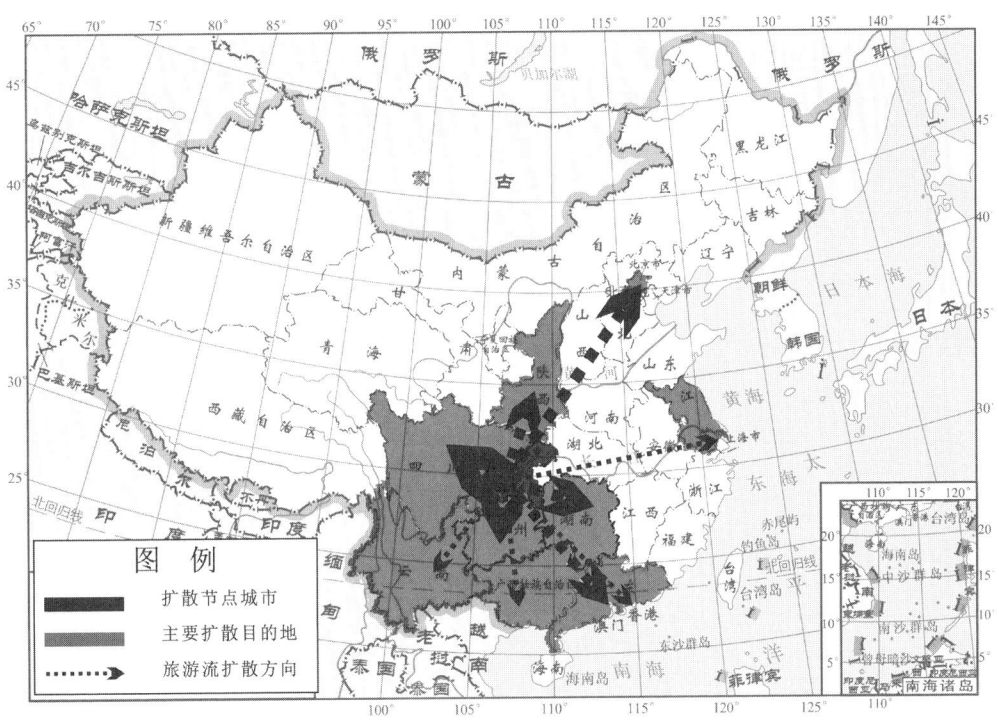

图 3-12　入境游客以重庆为节点的扩散方向示意图

资料来源：国家测绘地理信息局网站。审图号：GS(2008)1360号。

七、桂林市：西北向、东北向、北向、东南向、西向

中国旅游研究院2016年的抽样调查资料显示，入境游客以桂林为节点向外部扩散，排名前10位的主要扩散目的地城市依次为：重庆、杭州、广州、昆明、南京、苏州、大连、天津、西安、珠海。

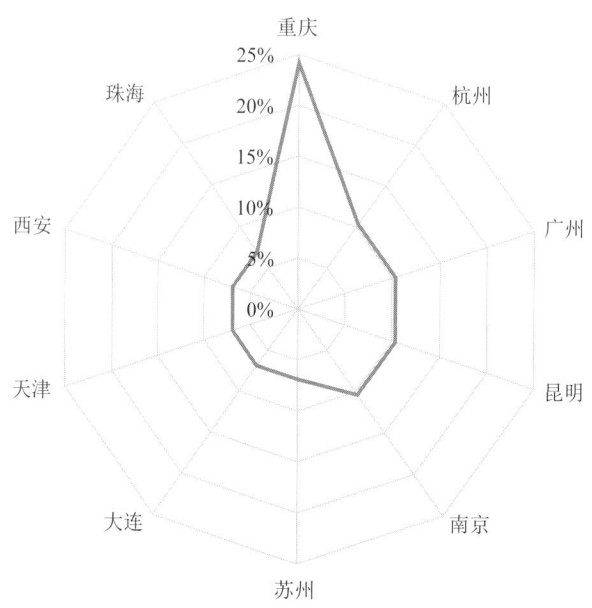

图 3-13 入境游客以桂林为节点向其他城市扩散雷达图

从入境游客以桂林为节点向其他城市扩散的数量份额来看，桂林扩散至重庆的游客最多，占总扩散人次的24.14%，排名第一；其次是桂林扩散至杭州、广州、昆明、南京的游客，各自均占总扩散人次的10.34%，并列第二；桂林扩散至苏州、大连、天津、西安、珠海的游客，各自均占总扩散人次的6.90%，并列第六。

由此可见，入境游客以桂林为节点向其他城市扩散的等级性特征强于近程性特征：超过44.83%的入境游客扩散至重庆、杭州、南京等直辖市、省会城市

和旅游资源十分丰富的城市；有 27.59% 的入境游客扩散至广州、昆明、珠海等一线城市、邻近省会城市和旅游资源十分丰富的城市；另有 27.59% 的入境游客扩散至苏州、大连、天津、西安等直辖市、省会城市和旅游资源十分丰富的城市。其余极少数游客扩散至其他城市。

按照客流的扩散方向，入境游客以桂林为节点向其他城市扩散主要集中在四个方向：西北向、东北向、北向、东南向、西向。

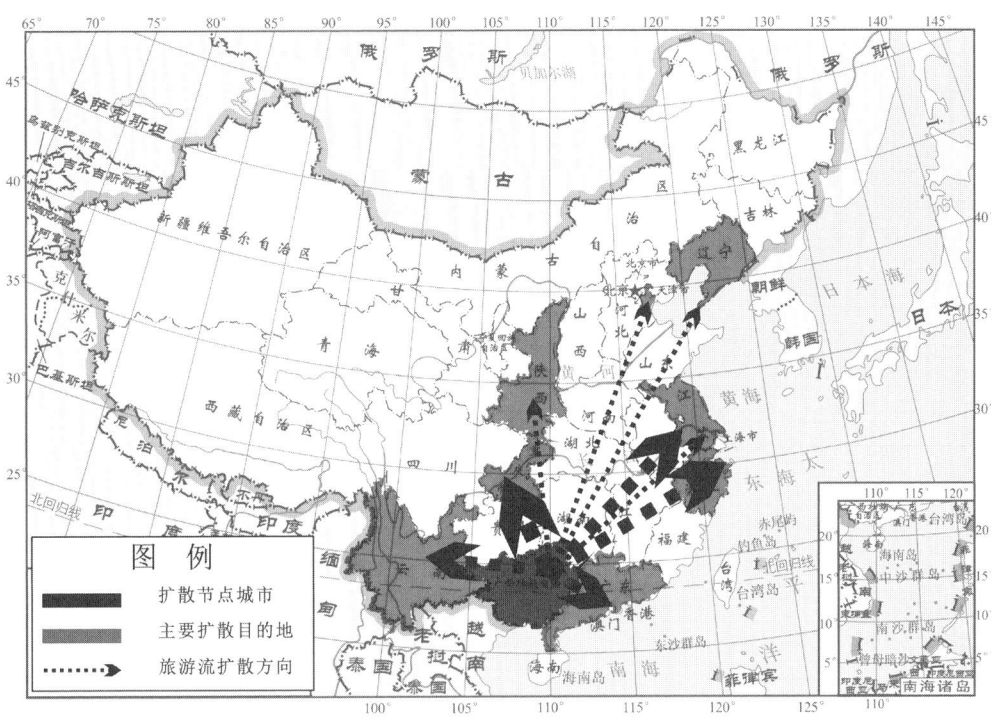

图 3-14 入境游客以桂林为节点的扩散方向示意图

资料来源：国家测绘地理信息局网站。审图号：GS(2008)1360 号。

八、昆明市：东向、北向、东北向、省内及西向

中国旅游研究院 2016 年的抽样调查资料显示，入境游客以昆明为节点向外部扩散，排名前 10 位的主要扩散目的地城市依次为：桂林、重庆、贵阳、西安、北京、成都、广州、长沙、武汉、南宁。

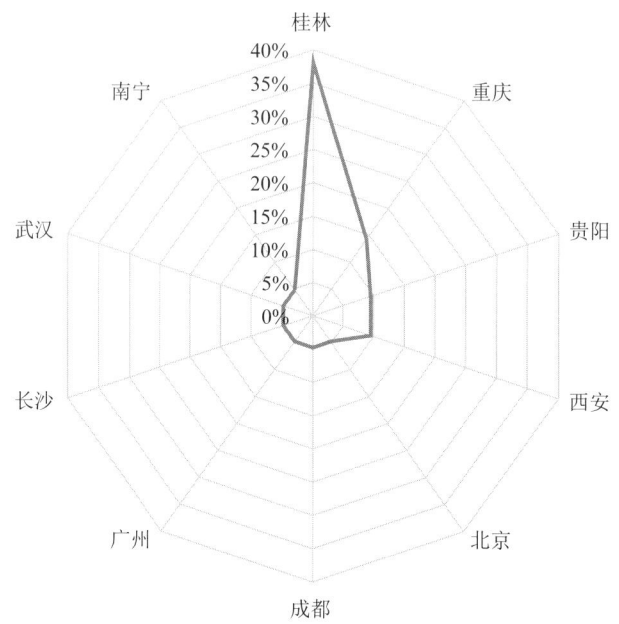

图 3-15　入境游客以昆明为节点向其他城市扩散雷达图

从入境游客以昆明为节点向其他城市扩散的数量份额来看，昆明扩散至桂林的游客最多，占总扩散人次的 38.10%；其次是昆明扩散至重庆的游客，占扩散总人次的 14.29%，排名第二；昆明扩散至贵阳、西安的游客，各自均占总扩散人次的 9.52%，并列第三；昆明扩散至北京、成都、广州、长沙、武汉、南宁的游客，各自均占总扩散人次的 4.76%，并列第五。

由此可见，入境游客以昆明为节点向其他城市扩散的近程性特征强于等级性特征：超过 71.43% 的入境游客扩散至桂林、重庆、贵阳、成都、南宁等邻近

的直辖市、省会城市，或者旅游资源十分丰富的城市；另有 28.57% 的入境游客扩散至西安、北京、广州、长沙、武汉等一线城市，或者旅游资源十分丰富的省会城市；其余极少数游客扩散至其他城市。

按照客流的扩散方向，入境游客以昆明为节点向其他城市扩散主要集中在四个方向：东向、北向、东北向、省内及西向。

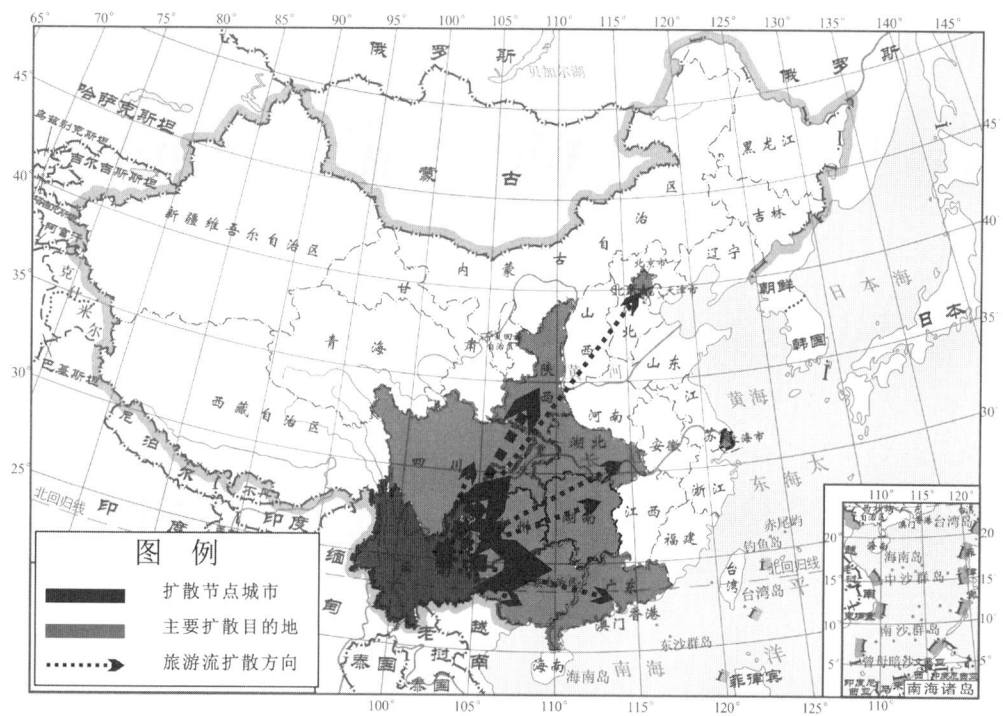

图 3-16　入境游客以昆明为节点的扩散方向示意图

资料来源：国家测绘地理信息局网站。审图号：GS(2008)1360 号。

九、沈阳市：西南向、南向、北向、西向

中国旅游研究院 2016 年的抽样调查资料显示，入境游客以沈阳为节点向外部扩散，排名前 8 位的主要扩散目的地城市依次为：北京、大连、上海、长春、广州、珠海、桂林、无锡。

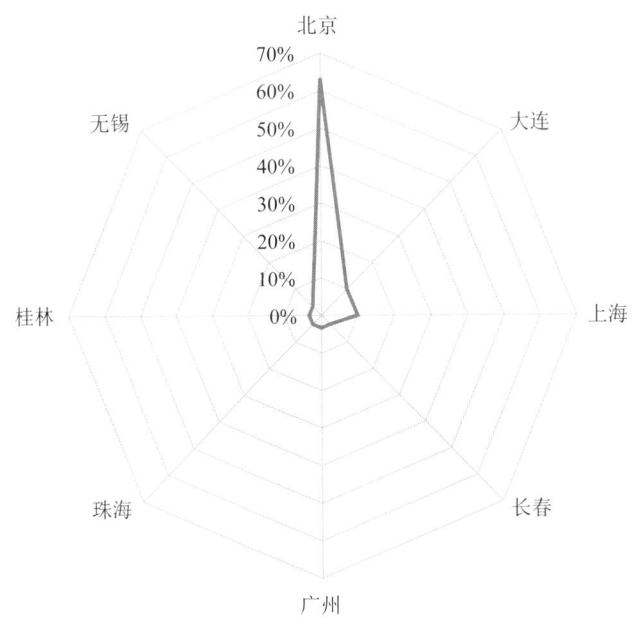

图 3-17　入境游客以沈阳为节点向其他城市扩散雷达图

从入境游客以沈阳为节点向其他城市扩散的数量份额来看，沈阳扩散至北京的游客最多，占总扩散人次的 63.33%；其次是沈阳扩散至大连、上海的游客，各自均占总扩散人次的 10.00%，并列第二；沈阳扩散至长春、广州、珠海、桂林、无锡的游客，各自均占总扩散人次的 3.33%，并列第四。

由此可见，入境游客以沈阳为节点向其他城市扩散的近程性特征强于等级性特征：超过 76.67% 的入境游客扩散至北京、大连、长春等一线城市、邻近省会城市，以及省内的热点旅游城市；另有 23.33% 的入境游客扩散至上海、广

州、珠海、桂林、无锡等一线城市，以及旅游资源十分丰富的热点旅游城市；其余极少数游客扩散至其他城市。

按照客流的扩散方向，入境游客以沈阳为节点向其他城市扩散主要集中在四个方向：西南向、南向、北向、西向。

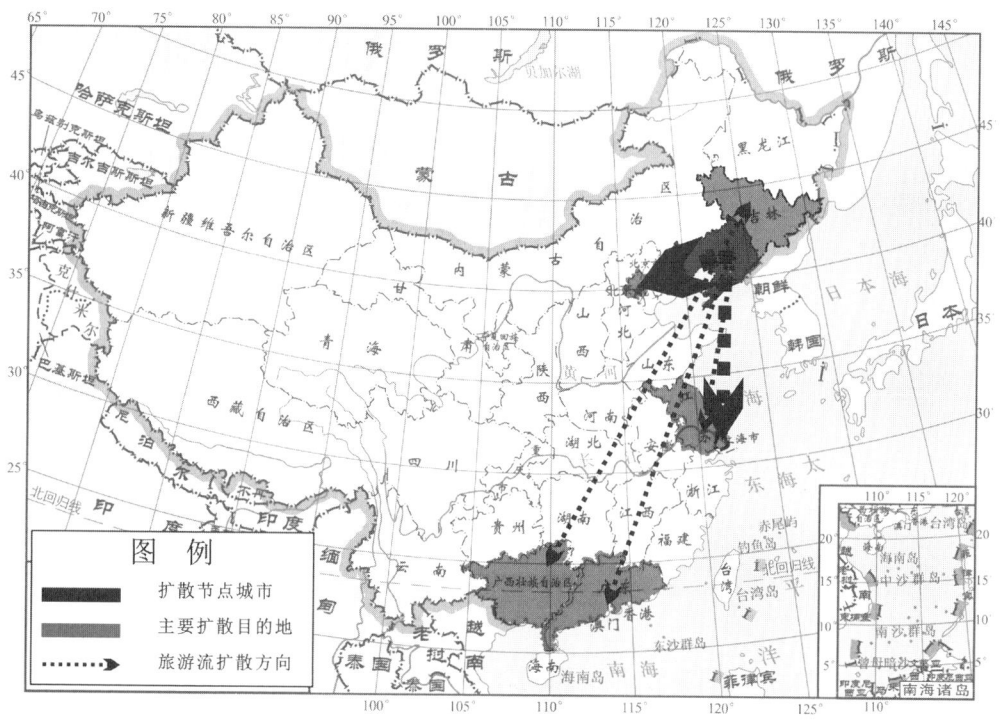

图 3-18　入境游客以沈阳为节点的扩散方向示意图

资料来源：国家测绘地理信息局网站。审图号：GS(2008)1360 号。

第二节 典型城市入境旅游客流的路径

一、北京市：北京→沈阳路径占据优势

由于入境游客扩散路径的集中化程度较高，扩散路径呈现出较强的规律特征。根据中国旅游研究院2016年的抽样调查问卷，将入境游客以北京为节点的旅游扩散路径进行归纳总结，从中整理主要的客流扩散方向，结合不同方向覆盖区域所包含的入境旅游典型城市，可从中筛选出25条具有代表性的旅游扩散路径。其中：

（1）入境游客以北京为节点向东北方向的扩散路径较有代表性的有五条：①北京→沈阳路径的人数比例最高，占总扩散人次的14.72%，排名第一；②北京→沈阳→大连路径次之，占总扩散人次的12.01%，排名第二；③北京→沈阳→上海路径占总扩散人次的6.60%，排名第三；④北京→沈阳→长春路径占总扩散人次的4.57%，排名第四；⑤北京→沈阳→哈尔滨路径占总扩散人次的3.21%，排名第五。

（2）入境游客以北京为节点向东南方向的扩散路径较有代表性的有五条：①北京→上海路径的人数比例最高，占总扩散人次的7.95%，排名第一；②北京→上海→杭州路径次之，占总扩散人次的4.91%，排名第二；③北京→天津路径占总扩散人次的4.40%，排名第三；④北京→上海→西安→成都路径占总扩散人次的3.89%，排名第四；⑤北京→杭州→上海路径占总扩散人次的3.21%，排名第五。

（3）入境游客以北京为节点向西方向的扩散路径较有代表性的有五条：①北京→西安路径的人数比例最高，占总扩散人次的7.28%，排名第一；②北京→西安→桂林路径次之，占总扩散人次的5.58%，排名第二；③北京→西安→昆明路径占总扩散人次的5.41%，排名第三；④北京→西安→重庆→桂林路径占总扩散人次的2.88%，排名第四；⑤北京→西安→兰州路径占总扩散人次的1.18%，排名第五。

(4) 入境游客以北京为节点向南方向的扩散路径较有代表性的有五条：①北京→广州路径的人数比例最高，占总扩散人次的2.71%，排名第一；②北京→广州→深圳路径次之，占总扩散人次的1.86%，排名第二；③北京→桂林→广州路径占总扩散人次的1.69%，排名第三；④北京→广州→昆明路径占总扩散人次的1.52%，排名第四；⑤北京→广州→三亚路径占总扩散人次的1.02%，排名第五。

(5) 入境游客以北京为节点向西南方向的扩散路径较有代表性的有五条：①北京→成都路径的人数比例最高，占总扩散人次的2.03%，排名第一；②北京→成都→重庆路径次之，占总扩散人次的1.86%，排名第二；③北京→昆明→重庆路径占总扩散人次的1.69%，排名第三；④北京→重庆→成都路径占总扩散人次的1.52%，排名第四；⑤北京→重庆→西安路径占总扩散人次的1.18%，排名第五。

表3-1 入境游客以北京为节点的主要扩散路径

路径类别	扩散路径				
东北向扩散路径	北京→沈阳	北京→沈阳→大连	北京→沈阳→上海	北京→沈阳→长春	北京→沈阳→哈尔滨
人数比例	14.72%	12.01%	6.60%	4.57%	3.21%
东南向扩散路径	北京→上海	北京→上海→杭州	北京→天津	北京→上海→西安→成都	北京→杭州→上海
人数比例	7.95%	4.91%	4.40%	3.89%	3.21%
西向扩散路径	北京→西安	北京→西安→桂林	北京→西安→昆明	北京→西安→重庆→桂林	北京→西安→兰州
人数比例	7.28%	5.58%	5.41%	2.88%	1.18%
南向扩散路径	北京→广州	北京→广州→深圳	北京→桂林→广州	北京→广州→昆明	北京→广州→三亚
人数比例	2.71%	1.86%	1.69%	1.52%	1.02%
西南向扩散路径	北京→成都	北京→成都→重庆	北京→昆明→重庆	北京→重庆→成都	北京→重庆→西安
人数比例	2.03%	1.86%	1.69%	1.52%	1.18%

从这25条主要的扩散路径可以看出：入境游客离开北京之后，继续向中国

其他城市扩散转移，其中沈阳、上海、西安、重庆、天津、成都、广州、深圳、昆明、杭州、大连、长春、哈尔滨、桂林、兰州、三亚等热点旅游城市是入境游客离开北京之后在境内扩散的主要途经地。

二、上海市：上海→北京路径占据优势

由于入境游客扩散路径的集中化程度较高，扩散路径呈现出较强的规律特征。根据中国旅游研究院 2016 年的抽样调查问卷，将入境游客以上海为节点的旅游扩散路径进行归纳总结，从中整理主要的客流扩散方向，结合不同方向覆盖区域所包含的入境旅游典型城市，可从中筛选出 25 条具有代表性的旅游扩散路径。其中：

（1）入境游客以上海为节点向北方向的扩散路径较有代表性的有五条：①上海→北京路径的人数比例最高，占总扩散人次的 12.33%，排名第一；②上海→北京→西安路径次之，占总扩散人次的 5.29%，排名第二；③上海→北京→广州路径占总扩散人次的 2.64%，排名第三；④上海→天津→西安路径占总扩散人次的 2.20%，排名第四；⑤上海→沈阳→大连路径占总扩散人次的 1.76%，排名第五。

（2）入境游客以上海为节点向南方向的扩散路径较有代表性的有五条：①上海→杭州→苏州→南京路径的人数比例最高，占总扩散人次的 7.49%，排名第一；②上海→杭州→南京→苏州路径次之，占总扩散人次的 6.61%，排名第二；③上海→杭州→苏州路径占总扩散人次的 3.96%，排名第三；④上海→杭州→宁波路径占总扩散人次的 1.76%，排名第四；⑤上海→杭州→重庆路径占总扩散人次的 0.88%，排名第五。

（3）入境游客以上海为节点向西北方向的扩散路径较有代表性的有五条：①上海→西安→北京路径的人数比例最高，占总扩散人次的 7.05%，排名第一；②上海→西安→重庆路径次之，占总扩散人次的 3.08%，排名第二；③上海→西安→成都路径占总扩散人次的 2.20%，排名第三；④上海→西安→桂林路径占总扩散人次的 1.76%，排名第四；⑤上海→西安→昆明路径占总扩散人次的 1.32%，排名第五。

（4）入境游客以上海为节点向西方向的扩散路径较有代表性的有五条：①上海→南京路径的人数比例最高，占总扩散人次的 4.85%，排名第一；②上

海→南京→杭州路径次之，占总扩散人次的3.96%，排名第二；③上海→苏州→杭州路径占总扩散人次的2.64%，排名第三；④上海→南京→武汉路径占总扩散人次的2.20%，排名第四；⑤上海→苏州→广州路径占总扩散人次的1.32%，排名第五。

（5）入境游客以上海为节点向西南方向的扩散路径较有代表性的有五条：①上海→成都→重庆路径的人数比例最高，占总扩散人次的3.52%，排名第一；②上海→重庆路径次之，占总扩散人次的3.08%，排名第二；③上海→广州路径占总扩散人次的2.64%，排名第三；④上海→桂林→西安路径占总扩散人次的2.20%，排名第四；⑤上海→昆明→桂林路径占总扩散人次的1.32%，排名第五。

表3-2 入境游客以上海为节点的主要扩散路径

路径类别	扩散路径				
北向扩散路径	上海→北京	上海→北京→西安	上海→北京→广州	上海→天津→西安	上海→沈阳→大连
人数比例	12.33%	5.29%	2.64%	2.20%	1.76%
南向扩散路径	上海→杭州→苏州→南京	上海→杭州→南京→苏州	上海→杭州→苏州	上海→杭州→宁波	上海→杭州→重庆
人数比例	7.49%	6.61%	3.96%	1.76%	0.88%
西北向扩散路径	上海→西安→北京	上海→西安→重庆	上海→西安→成都	上海→西安→桂林	上海→西安→昆明
人数比例	7.05%	3.08%	2.20%	1.76%	1.32%
西向扩散路径	上海→南京	上海→南京→杭州	上海→苏州→杭州	上海→南京→武汉	上海→苏州→广州
人数比例	4.85%	3.96%	2.64%	2.20%	1.32%
西南向扩散路径	上海→成都→重庆	上海→重庆	上海→广州	上海→桂林→西安	上海→昆明→桂林
人数比例	3.52%	3.08%	2.64%	2.20%	1.32%

从这25条主要的扩散路径可以看出：入境游客离开上海之后，继续向中国其他城市扩散转移，其中北京、杭州、西安、南京、深圳、成都、重庆、广州、苏州、天津、沈阳、大连、宁波、桂林、昆明、武汉等热点旅游城市是入境游

客离开上海之后在境内扩散的主要途经地。

三、广州市：广州→深圳路径占据优势

由于入境游客扩散路径的集中化程度较高，扩散路径呈现出较强的规律特征。根据中国旅游研究院 2016 年的抽样调查问卷，将入境游客以广州为节点的旅游扩散路径进行归纳总结，从中整理主要的客流扩散方向，结合不同方向覆盖区域所包含的入境旅游典型城市，可从中筛选出 20 条具有代表性的旅游扩散路径。其中：

（1）入境游客以广州为节点向省内的扩散路径较有代表性的有五条：①广州→深圳路径的人数比例最高，占总扩散人次的 13.74%，排名第一；②广州→珠海路径次之，占总扩散人次的 9.16%，排名第二；③广州→中山→珠海路径占总扩散人次的 6.11%，排名第三；④广州→深圳→珠海路径和广州→佛山路径，两条路径各自均占总扩散人次的 4.58%，并列第四。

（2）入境游客以广州为节点向东北方向的扩散路径较有代表性的有五条：①广州→上海路径的人数比例最高，占总扩散人次的 8.40%，排名第一；②广州→上海→南京路径次之，占总扩散人次的 3.82%，排名第二；③广州→杭州→北京路径占总扩散人次的 3.05%，排名第三；④广州→上海→北京路径占总扩散人次的 2.29%，排名第四；⑤广州→杭州→苏州路径占总扩散人次的 1.53%，排名第五。

（3）入境游客以广州为节点向北方向的扩散路径较有代表性的有五条：①广州→北京路径的人数比例最高，占总扩散人次的 6.87%，排名第一；②广州→北京→上海路径次之，占总扩散人次的 4.58%，排名第二；③广州→北京→西安路径占总扩散人次的 2.29%，排名第三；④广州→北京→桂林路径占总扩散人次的 1.53%，排名第四；⑤广州→北京→沈阳路径占总扩散人次的 0.76%，排名第五。

（4）入境游客以广州为节点向西北方向的扩散路径较有代表性的有五条：①广州→重庆路径的人数比例最高，占总扩散人次的 5.34%，排名第一；②广州→桂林→成都路径次之，占总扩散人次的 4.58%，排名第二；③广州→成都→重庆路径占总扩散人次的 3.05%，排名第三；④广州→桂林→重庆路径占总扩散人次的 2.29%，排名第四；⑤广州→昆明→重庆路径占总扩散人次的

1.53%,排名第五。

表 3-3 入境游客以广州为节点的主要扩散路径

路径类别	扩散路径				
省内扩散路径	广州→深圳	广州→珠海	广州→中山→珠海	广州→深圳→珠海	广州→佛山
人数比例	13.74%	9.16%	6.11%	4.58%	4.58%
东北向扩散路径	广州→上海	广州→上海→南京	广州→杭州→北京	广州→上海→北京	广州→杭州→苏州
人数比例	8.40%	3.82%	3.05%	2.29%	1.53%
北向扩散路径	广州→北京	广州→北京→上海	广州→北京→西安	广州→北京→桂林	广州→北京→沈阳
人数比例	6.87%	4.58%	2.29%	1.53%	0.76%
西北向扩散路径	广州→重庆	广州→桂林→成都	广州→成都→重庆	广州→桂林→重庆	广州→昆明→重庆
人数比例	5.34%	4.58%	3.05%	2.29%	1.53%

从这 20 条主要的扩散路径可以看出：入境游客离开广州之后，继续向省内和省外的其他城市扩散转移，其中深圳、珠海、上海、北京、中山、重庆、佛山、桂林、成都、香港、南京、杭州、苏州、西安、沈阳等热点旅游城市是入境游客离开广州之后在境内扩散的主要途经地。

四、西安市：西安→北京路径长期主流

由于入境游客扩散路径的集中化程度较高，扩散路径呈现出较强的规律特征。根据中国旅游研究院 2016 年的抽样调查问卷，将入境游客以西安为节点的旅游扩散路径进行归纳总结，从中整理主要的客流扩散方向，结合不同方向覆盖区域所包含的入境旅游典型城市，可从中筛选出 24 条具有代表性的旅游扩散路径。其中：

（1）入境游客以西安为节点向东北方向的扩散路径较有代表性的有五条：①西安→北京路径的人数比例最高，占总扩散人次的 17.54%，排名第一；②西安→北京→杭州路径次之，占总扩散人次的 5.26%，排名第二；③西安→

北京→桂林路径占总扩散人次的3.51%，排名第三；④西安→北京→重庆路径占总扩散人次的2.92%，排名第四；⑤西安→沈阳→杭州路径占总扩散人次的1.17%，排名第五。

（2）入境游客以西安为节点向东方向的扩散路径较有代表性的有五条：①西安→上海路径的人数比例最高，占总扩散人次的10.53%，排名第一；②西安→杭州→上海路径次之，占总扩散人次的7.02%，排名第二；③西安→上海→杭州路径占总扩散人次的5.85%，排名第三；④西安→杭州→宁波路径和西安→青岛路径，两条路径各自均占总扩散人次的1.17%，并列第四。

（3）入境游客以西安为节点向西南方向的扩散路径较有代表性的有五条：①西安→成都路径的人数比例最高，占总扩散人次的4.68%，排名第一；②西安→成都→北京→上海路径和西安→成都→上海路径次之，两条路径各自均占总扩散人次的3.51%，并列第二；③西安→重庆→成都路径和西安→昆明→重庆路径，两条路径各自均占总扩散人次的2.92%，并列第四名。

（4）入境游客以西安为节点向南方向的扩散路径较有代表性的有五条：①西安→桂林路径的人数比例最高，占总扩散人次的4.09%，排名第一；②西安→桂林→上海路径次之，占总扩散人次的3.51%，排名第二；③西安→桂林→杭州路径占总扩散人次的2.34%，排名第三；④西安→桂林→苏州→上海路径和西安→广州→上海路径，两条路径各自均占总扩散人次的1.75%，并列第四。

（5）入境游客以西安为节点向西方向的扩散路径较有代表性的有四条：①西安→兰州→昆明→重庆路径的人数比例最高，占总扩散人次的1.75%，排名第一；②西安→兰州→重庆路径次之，占总扩散人次的1.17%，排名第二；③西安→敦煌路径和西安→乌鲁木齐路径，两条路径各自均占总扩散人次的0.58%，并列第三。

表3-4 入境游客以西安为节点的主要扩散路径

路径类别	扩散路径				
东北向扩散路径	西安→北京	西安→北京→杭州	西安→北京→桂林	西安→北京→重庆	西安→沈阳→杭州
人数比例	17.54%	5.26%	3.51%	2.92%	1.17%

续表

路径类别	扩散路径				
东向扩散路径	西安→上海	西安→杭州→上海	西安→上海→杭州	西安→杭州→宁波	西安→青岛
人数比例	10.53%	7.02%	5.85%	1.17%	1.17%
西南向扩散路径	西安→成都	西安→成都→北京→上海	西安→成都→上海	西安→重庆→成都	西安→昆明→重庆
人数比例	4.68%	3.51%	3.51%	2.92%	2.92%
南向扩散路径	西安→桂林	西安→桂林→上海	西安→桂林→杭州	西安→桂林→苏州→上海	西安→广州→上海
人数比例	4.09%	3.51%	2.34%	1.75%	1.75%
西向扩散路径	西安→兰州→昆明→重庆	西安→兰州→重庆	西安→敦煌	西安→乌鲁木齐	—
人数比例	1.75%	1.17%	0.58%	0.58%	—

从这24条主要的扩散路径可以看出：入境游客离开西安之后，继续向中国其他城市扩散转移，其中北京、上海、成都、杭州、昆明、桂林、重庆、青岛、广州、厦门、沈阳、宁波、青岛、苏州、兰州、敦煌、乌鲁木齐等热点旅游城市是入境游客离开西安之后在境内扩散的主要途经地。

五、成都市：成都→重庆路径优势突出

由于入境游客扩散路径的集中化程度较高，扩散路径呈现出较强的规律特征。根据中国旅游研究院2016年的抽样调查问卷，将入境游客以成都为节点的旅游扩散路径进行归纳总结，从中整理主要的客流扩散方向，结合不同方向覆盖区域所包含的入境旅游典型城市，可从中筛选出25条具有代表性的旅游扩散路径。其中：

（1）入境游客以成都为节点向东方向的扩散路径较有代表性的有五条：①成都→重庆路径的人数比例最高，占总扩散人次的24.20%，排名第一；②成都→重庆→西安路径次之，占总扩散人次的7.64%，排名第二；③成都→上海→北京路径占总扩散人次的4.46%，排名第三；④成都→重庆→南京路径占总扩散人次的3.18%，排名第四；⑤成都→上海→南京路径占总扩散人次的

0.64%，排名第五。

（2）入境游客以成都为节点向西南方向的扩散路径较有代表性的有五条：①成都→昆明路径的人数比例最高，占总扩散人次的 5.73%，排名第一；②成都→昆明→桂林路径次之，占总扩散人次的 3.82%，排名第二；③成都→昆明→大理路径占总扩散人次的 1.91%，排名第三；④成都→大理路径占总扩散人次的 1.27%，排名第四；⑤成都→大理→丽江路径占总扩散人次的 0.64%，排名第五。

（3）入境游客以成都为节点向东北方向的扩散路径较有代表性的有五条：①成都→北京路径的人数比例最高，占总扩散人次的 5.10%，排名第一；②成都→北京→上海路径次之，占总扩散人次的 3.82%，排名第二；③成都→北京→西安路径占总扩散人次的 2.55%，排名第三；④成都→北京→大连路径占总扩散人次的 1.27%，排名第四；⑤成都→天津路径占总扩散人次的 0.64%，排名第五。

（4）入境游客以成都为节点向省内及向北方向的扩散路径较有代表性的有五条：①成都→九寨沟路径的人数比例最高，占总扩散人次的 6.37%，排名第一；②成都→西安路径和成都→西安→北京路径次之，两条路径各自均占总扩散人次的 1.91%，并列第二；③成都→乐山路径占总扩散人次的 1.27%，排名第四；④成都→德阳路径占总扩散人次的 0.64%，排名第五。

（5）入境游客以成都为节点向东南方向的扩散路径较有代表性的有五条：①成都→深圳路径和成都→桂林路径的人数比例最高，两条路径各自均占总扩散人次的 2.55%，并列第一名；②成都→深圳→广州路径和成都→广州→深圳路径，两条路径各自均占总扩散人次的 1.91%，并列第三名；③成都→厦门路径占总扩散人次的 1.27%，排名第五。

表 3-5　入境游客以成都为节点的主要扩散路径

路径类别	扩散路径				
东向扩散路径	成都→重庆	成都→重庆→西安	成都→上海→北京	成都→重庆→南京	成都→上海→南京
人数比例	24.20%	7.64%	4.46%	3.18%	0.64%
西南向扩散路径	成都→昆明	成都→昆明→桂林	成都→昆明→大理	成都→大理	成都→大理→丽江

续表

路径类别	扩散路径				
人数比例	5.73%	3.82%	1.91%	1.27%	0.64%
东北向扩散路径	成都→北京	成都→北京→上海	成都→北京→西安	成都→北京→大连	成都→天津
人数比例	5.10%	3.82%	2.55%	1.27%	0.64%
省内及北向扩散路径	成都→九寨沟	成都→西安	成都→西安→北京	成都→乐山	成都→德阳
人数比例	6.37%	1.91%	1.91%	1.27%	0.64%
东南向扩散路径	成都→深圳	成都→桂林	成都→深圳→广州	成都→广州→深圳	成都→厦门
人数比例	2.55%	2.55%	1.91%	1.91%	1.27%

从这 25 条主要的扩散路径可以看出：入境游客离开成都之后，继续向中国其他城市扩散转移，其中重庆、昆明、北京、九寨沟、桂林、深圳、西安、上海、厦门、乐山、南京、大理、丽江、大连、天津、九寨沟、乐山、德阳、广州等热点旅游城市是入境游客离开成都之后在境内扩散的主要途经地。

六、重庆市：重庆→成都路径继续担当主力

由于入境游客扩散路径的集中化程度较高，扩散路径呈现出较强的规律特征。根据中国旅游研究院 2016 年的抽样调查问卷，将入境游客以重庆为节点的旅游扩散路径进行归纳总结，从中整理主要的客流扩散方向，结合不同方向覆盖区域所包含的入境旅游典型城市，可从中筛选出 24 条具有代表性的旅游扩散路径。其中：

（1）入境游客以重庆为节点向西方向的扩散路径较有代表性的有五条：①重庆→成都路径的人数比例最高，占总扩散人次的 14.93%，排名第一；②重庆→成都→贵阳路径次之，占总扩散人次的 8.96%，排名第二；③重庆→成都→北京路径和重庆→成都→上海路径，两条路径各自均占总扩散人次的 4.48%，并列第三；④重庆→成都→西安路径占总扩散人次的 1.49%，排名第五。

（2）入境游客以重庆为节点向北方向的扩散路径较有代表性的有五条：①重庆→北京路径的人数比例最高，占总扩散人次的 4.48%，排名第一；②重

庆→北京→上海路径和重庆→北京→西安路径次之,两条路径各自均占总扩散人次的2.9%,并列第二名;③重庆→北京→哈尔滨路径和重庆→广安路径,两条路径各自均占总扩散人次的1.49%,并列第四。

(3)入境游客以重庆为节点向东方向的扩散路径较有代表性的有五条:①重庆→上海路径和重庆→上海→苏州路径的人数比例最高,两条路径各自均占总扩散人次的4.48%,并列第一;②重庆→苏州→无锡路径和重庆→长沙→北京路径,两条路径各自均占总扩散人次的2.99%,并列第三;③重庆→上海→南京路径占总扩散人次的1.49%,排名第五。

(4)入境游客以重庆为节点向南方向的扩散路径较有代表性的有五条:①重庆→贵阳路径的人数比例最高,占总扩散人次的7.46%,排名第一;②重庆→贵阳→桂林路径次之,占总扩散人次的4.48%,排名第二;③重庆→贵阳→广州路径占总扩散人次的2.99%,排名第三;④重庆→广州路径和重庆→深圳路径,两条路径各自均占总扩散人次的1.49%,并列第四。

(5)入境游客以重庆为节点向西南方向的扩散路径较有代表性的有四条:①重庆→昆明路径和重庆→昆明→大理路径的人数比例最高,两条路径各自均占总扩散人次的2.99%,并列第一;②重庆→昆明→丽江路径和重庆→昆明→桂林路径,两条路径各自均占总扩散人次的1.49%,并列第三。

表3-6 入境游客以重庆为节点的主要扩散路径

路径类别	扩散路径				
西向扩散路径	重庆→成都	重庆→成都→贵阳	重庆→成都→北京	重庆→成都→上海	重庆→成都→西安
人数比例	14.93%	8.96%	4.48%	4.48%	1.49%
北向扩散路径	重庆→北京	重庆→北京→上海	重庆→北京→西安	重庆→北京→哈尔滨	重庆→广安
人数比例	4.48%	2.99%	2.99%	1.49%	1.49%
东向扩散路径	重庆→上海	重庆→上海→苏州	重庆→苏州→无锡	重庆→长沙→北京	重庆→上海→南京
人数比例	4.48%	4.48%	2.99%	2.99%	1.49%
南向扩散路径	重庆→贵阳	重庆→贵阳→桂林	重庆→贵阳→广州	重庆→广州	重庆→深圳
人数比例	7.46%	4.48%	2.99%	1.49%	1.49%

续表

路径类别	扩散路径				
西南向扩散路径	重庆→昆明	重庆→昆明→大理	重庆→昆明→丽江	重庆→昆明→桂林	—
人数比例	2.99%	2.99%	1.49%	1.49%	—

从这24条主要的扩散路径可以看出：入境游客离开重庆之后，继续向中国其他城市扩散转移，其中成都、贵阳、北京、长沙、广州、西安、广安、南宁、昆明、深圳、上海、哈尔滨、广安、苏州、无锡、长沙、南京、桂林、大理、丽江等热点旅游城市是入境游客离开重庆之后在境内扩散的主要途经地。

七、桂林市：桂林→重庆路径略占优势

由于入境游客扩散路径的集中化程度较高，扩散路径呈现出较强的规律特征。根据中国旅游研究院2016年的抽样调查问卷，将入境游客以桂林为节点的旅游扩散路径进行归纳总结，从中整理主要的客流扩散方向，结合不同方向覆盖区域所包含的入境旅游典型城市，可从中筛选出25条具有代表性的旅游扩散路径。其中：

（1）入境游客以桂林为节点向西北方向的扩散路径较有代表性的有五条：①桂林→重庆路径的人数比例最高，占总扩散人次的8.86%，排名第一；②桂林→重庆→成都路径次之，占总扩散人次的7.59%，排名第二；③桂林→成都→重庆路径占总扩散人次的6.33%，排名第三；④桂林→重庆→杭州路径占总扩散人次的3.80%，排名第四；⑤桂林→重庆→西安→北京路径占总扩散人次的2.53%，排名第五。

（2）入境游客以桂林为节点向东北方向的扩散路径较有代表性的有五条：①桂林→上海路径的人数比例最高，占总扩散人次的6.33%，排名第一；②桂林→杭州路径次之，占总扩散人次的5.06%，排名第二；③桂林→杭州→上海路径占总扩散人次的3.80%，排名第三；④桂林→苏州→杭州路径占总扩散人次的2.53%，排名第四；⑤桂林→苏州→杭州→南京路径占总扩散人次的1.27%，排名第五。

（3）入境游客以桂林为节点向北方向的扩散路径较有代表性的有五条：

①桂林→西安路径的人数比例最高，占总扩散人次的5.06%，排名第一；②桂林→西安路径次之，占总扩散人次的3.80%，排名第二；③桂林→西安→上海路径和桂林→西安→成都路径，两条路径各自均占总扩散人次的2.53%，并列第三；④桂林→大连路径占总扩散人次的1.27%，排名第五。

（4）入境游客以桂林为节点向东南方向的扩散路径较有代表性的有五条：①桂林→广州路径的人数比例最高，占总扩散人次的5.06%，排名第一；②桂林→广州→珠海路径和桂林→珠海路径次之，两条路径各自均占总扩散人次的2.53%，并列第二名；③桂林→广州→深圳路径和桂林→厦门路径，两条路径各自均占总扩散人次的1.27%，并列第四。

（5）入境游客以桂林为节点向西方向的扩散路径较有代表性的有五条：①桂林→昆明→重庆路径的人数比例最高，占总扩散人次的3.80%，排名第一；②桂林→昆明→成都路径和桂林→昆明→大理次之，两条路径各自均占总扩散人次的2.53%，并列第二名；③桂林→丽江路径和桂林→香格里拉路径，两条路径各自均占总扩散人次的1.27%，并列第四。

表3-7 入境游客以桂林为节点的主要扩散路径

路径类别	扩散路径				
西北向扩散路径	桂林→重庆	桂林→重庆→成都	桂林→成都→重庆	桂林→重庆→杭州	桂林→重庆→西安→北京
人数比例	8.86%	7.59%	6.33%	3.80%	2.53%
东北向扩散路径	桂林→上海	桂林→杭州	桂林→杭州→上海	桂林→苏州→杭州	桂林→苏州→杭州→南京
人数比例	6.33%	5.06%	3.80%	2.53%	1.27%
北向扩散路径	桂林→西安→北京	桂林→西安	桂林→西安→上海	桂林→西安→成都	桂林→大连
人数比例	5.06%	3.80%	2.53%	2.53%	1.27%
东南向扩散路径	桂林→广州	桂林→广州→珠海	桂林→珠海	桂林→广州→深圳	桂林→厦门
人数比例	5.06%	2.53%	2.53%	1.27%	1.27%
西向扩散路径	桂林→昆明→重庆	桂林→昆明→成都	桂林→昆明→大理	桂林→丽江	桂林→香格里拉
人数比例	3.80%	2.53%	2.53%	1.27%	1.27%

从这 25 条主要的扩散路径可以看出：入境游客离开桂林之后，继续向中国其他城市扩散转移，其中重庆、杭州、广州、昆明、南京、苏州、大连、天津、西安、珠海、成都、北京、上海、苏州、大连、深圳、厦门、大理、丽江、香格里拉等热点旅游城市是入境游客离开桂林之后在境内扩散的主要途经地。

八、昆明市：昆明→桂林路径占据优势

由于入境游客扩散路径的集中化程度较高，扩散路径呈现出较强的规律特征。根据中国旅游研究院 2016 年的抽样调查问卷，将入境游客以昆明为节点的旅游扩散路径进行归纳总结，从中整理主要的客流扩散方向，结合不同方向覆盖区域所包含的入境旅游典型城市，可从中筛选出 19 条具有代表性的旅游扩散路径。其中：

（1）入境游客以昆明为节点向东方向的扩散路径较有代表性的有五条：①昆明→桂林路径的人数比例最高，占总扩散人次的 13.79%，排名第一；②昆明→桂林→重庆路径次之，占总扩散人次的 5.17%，排名第二；③昆明→桂林→西安路径占总扩散人次的 3.45%，排名第三；④昆明→桂林→成都路径和昆明→广州路径，两条路径各自均占总扩散人次的 1.72%，并列第四。

（2）入境游客以昆明为节点向北方向的扩散路径较有代表性的有五条：①昆明→重庆→成都路径的人数比例最高，占总扩散人次的 8.62%，排名第一；②昆明→重庆路径次之，占总扩散人次的 6.90%，排名第二；③昆明→成都→西安路径占总扩散人次的 5.17%，排名第三；④昆明→成都→重庆路径占总扩散人次的 3.45%，排名第四；⑤昆明→重庆→北京路径占总扩散人次的 1.72%，排名第五。

（3）入境游客以昆明为节点向东北方向的扩散路径较有代表性的有五条：①昆明→贵阳→重庆路径和昆明→贵阳→成都路径的人数比例最高，两条路径各自均占总扩散人次的 5.17%，并列第一；②昆明→贵阳→桂林路径和昆明→贵阳→北京路径次之，两条路径各自均占总扩散人次的 3.45%，并列第三名；③昆明→长沙路径占总扩散人次的 1.72%，排名第五。

（4）入境游客以昆明为节点向省内及向西方向的扩散路径较有代表性的有四条：①昆明→大理路径和昆明→大理→丽江路径的人数比例最高，两条路径各自均占总扩散人次的 5.17%，并列第一；②昆明→丽江→大理路径和昆

明→香格里拉→拉萨路径，两条路径各自均占总扩散人次的1.72%，并列第三名。

表3-8 入境游客以昆明为节点的主要扩散路径

路径类别	扩散路径				
东向扩散路径	昆明→桂林	昆明→桂林→重庆	昆明→桂林→西安	昆明→桂林→成都	昆明→广州
人数比例	13.79%	5.17%	3.45%	1.72%	1.72%
北向扩散路径	昆明→重庆→成都	昆明→重庆	昆明→成都→西安	昆明→成都→重庆	昆明→重庆→北京
人数比例	8.62%	6.90%	5.17%	3.45%	1.72%
东北向扩散路径	昆明→贵阳→重庆	昆明→贵阳→成都	昆明→贵阳→桂林	昆明→贵阳→北京	昆明→长沙
人数比例	5.17%	5.17%	3.45%	3.45%	1.72%
省内及西向扩散路径	昆明→大理	昆明→大理→丽江	昆明→丽江→大理	昆明→香格里拉→拉萨	—
人数比例	5.17%	5.17%	1.72%	1.72%	—

从这19条主要的扩散路径可以看出：入境游客离开昆明之后，继续向中国其他城市扩散转移，其中桂林、重庆、贵阳、西安、北京、成都、广州、长沙、武汉、南宁、大理、丽江、香格里拉、拉萨等热点旅游城市是入境游客离开昆明之后在境内扩散的主要途经地。

九、沈阳市：沈阳→北京路径继续占据优势

由于入境游客扩散路径的集中化程度较高，扩散路径呈现出较强的规律特征。根据中国旅游研究院2016年的抽样调查问卷，将入境游客以沈阳为节点的旅游扩散路径进行归纳总结，从中整理主要的客流扩散方向，结合不同方向覆盖区域所包含的入境旅游典型城市，可从中筛选出18条具有代表性的旅游扩散路径。其中：

（1）入境游客以沈阳为节点向西南方向的扩散路径较有代表性的有五条：①沈阳→北京路径的人数比例最高，占总扩散人次的28.81%，排名第一；②沈阳→北京→上海路径和沈阳→北京→大连路径次之，两条路径各自均占总扩散

人次的3.39%，并列第二；③沈阳→北京→天津路径和沈阳→北京→承德路径，两条路径各自均占总扩散人次的1.69%，并列第四。

（2）入境游客以沈阳为节点向南方向的扩散路径较有代表性的有五条：①沈阳→大连路径的人数比例最高，占总扩散人次的8.47%，排名第一；②沈阳→上海路径次之，占总扩散人次的6.78%，排名第二；③沈阳→济南→青岛路径占总扩散人次的5.08%，排名第三；④沈阳→大连→哈尔滨路径占总扩散人次的3.39%，排名第四；⑤沈阳→大连→济南路径占总扩散人次的1.69%，排名第五。

（3）入境游客以沈阳为节点向北方向的扩散路径较有代表性的有四条：①沈阳→长春路径的人数比例最高，占总扩散人次的6.78%，排名第一；②沈阳→哈尔滨路径次之，占总扩散人次的5.08%，排名第二；③沈阳→长春→哈尔滨路径占总扩散人次的3.39%，排名第三；④沈阳→哈尔滨→北京路径占总扩散人次的1.69%，排名第四。

（4）入境游客以沈阳为节点向西方向的扩散路径较有代表性的有四条：①沈阳→秦皇岛路径和沈阳→承德路径的人数比例最高，两条路径各自均占总扩散人次的3.39%，并列第一名；②沈阳→西安路径和沈阳→大同路径次之，两条路径各自均占总扩散人次的1.69%，并列第三名。

表3-9 入境游客以沈阳为节点的主要扩散路径

路径类别	扩散路径				
西南向扩散路径	沈阳→北京	沈阳→北京→上海	沈阳→北京→大连	沈阳→北京→天津	沈阳→北京→承德
人数比例	28.81%	3.39%	3.39%	1.69%	1.69%
南向扩散路径	沈阳→大连	沈阳→上海	沈阳→济南→青岛	沈阳→大连→哈尔滨	沈阳→大连→济南
人数比例	8.47%	6.78%	5.08%	3.39%	1.69%
北向扩散路径	沈阳→长春	沈阳→哈尔滨	沈阳→长春→哈尔滨	沈阳→哈尔滨→北京	—
人数比例	6.78%	5.08%	3.39%	1.69%	—
西向扩散路径	沈阳→秦皇岛	沈阳→承德	沈阳→西安	沈阳→大同	—
人数比例	3.39%	3.39%	1.69%	1.69%	—

从这 18 条主要的扩散路径可以看出：入境游客离开沈阳之后，继续向中国其他城市扩散转移，其中北京、大连、上海、长春、广州、珠海、桂林、无锡、天津、承德、济南、青岛、哈尔滨、长春、秦皇岛、西安、大同等热点旅游城市是入境游客离开沈阳之后在境内扩散的主要途经地。

第四章
2016年中国入境旅游市场的需求状况

本次调研使用的问卷是中国旅游研究院设计完成的"入境旅游行为调查问卷"[①]，共涉及22个变量。本次调研将变量抽象为5种范畴，分别为人文统计要素、消费决策影响因素、消费决策、消费结构、消费评价。调研始于2015年初，每个月完成一次调研。调研小组同时在北京、上海、广州、成都、重庆、西安、沈阳、杭州等口岸城市开展问卷调研，本次调研共收回有效问卷3247份。表4-1描述了各个变量范畴所包含的变量和变量内容。

表4-1 入境游客消费特征变量类别与标尺

所属类别	变量名	变量标尺
人文统计要素	性别	男性、女性
	年龄	15岁以下、15~24岁、25~34岁、35~44岁、45~59岁、60及以上
	学历	小学及以下、初中、高中/中专/技校、大学专科、大学本科、硕士及以上
	职业	1.农林牧渔；2.科学研究、技术服务和地质勘查；3.采矿业；4.水利、环境和公共设施管理业；5.制造业；6.居民服务和其他服务业；7.教育；8.电力、燃气及水的生产和供应业；9.建筑业；10.卫生、社会保障和社会福利业；11.文化体育和娱乐业；12.交通运输、仓储和邮政业；13.国际组织；14.信息传输、计算机服务和软件业；15.公共管理与社会组织（公务员）；16.批发和零售业；17.金融业；18.住宿和餐饮业；19.租赁和商务服务业；20.下岗失业人员；21.房地产业；22.学生；23.商业咨询、市场研究、广告等；24.退休人员；25.其他
	个人月收入	无收入、1000美元以下、1001~3000美元、3001~5000美元、5001~8000美元、8001~10 000美元、10 001~20 000美元、20 000美元以上
消费决策影响因素	出游频率	首次出游、重复出游
	旅游目的	了解中国特色文化、游览/观光、休闲/度假、探亲访友、商务活动、会议、文体/教育/科技交流、宗教/朝拜、健康医疗、其他
消费决策	信息收集渠道	网站/BBS/论坛、报纸/杂志/书籍、亲朋好友介绍、电视/广播、户外广告、电梯广告、机场/地铁广告、旅游宣传册、旅游会展、到旅行社咨询、旅游地自己的推广活动、其他
	查询信息内容	当地政策和法规、旅游景区接待情况、旅游产品和服务介绍、旅游交通/天气等生活信息、旅游购物环境情况、特色文化娱乐活动、旅游价格、其他
	目的地选择	旅行费用、距离、旅游地交通、住宿条件、旅行安全、信息获取、沟通交流、景点吸引力/旅游地吸引力、特色饮食、休闲的环境、城市形象、节事活动、民风民俗、居民友善好客、其他

---

① 本章分析主要依赖于所选主要口岸城市的拦访问卷，因此研究的对象局限为具有有效需求且购买并消费我国旅游产品和服务的国际旅游者，而没有包含对具有潜在需求游客的分析。

续表

所属类别	变量名	变量标尺
消费决策	旅游伴侣	和家人一起出游、公司、班级、社团等集体出游、和好友结伴出游、网络结伴旅游、自助游组织出游、商务活动/会议培训旅游、独自出游、其他
	主要游览项目	山水风光、文物古迹、文化艺术、美食烹调、医疗保健、购物消费、气候生态、建筑设施、节庆会展、学习培训、乡村度假、其他
	景点数量选择	0、1~2、3~5、6~9、10个以上
	旅游时长选择	当天往返、2~3日以内、一周以内、两周以内、一个月以内、一个月以上
	住宿选择	豪华饭店、中等价位饭店、经济型饭店、社会旅馆、其他
消费结构	人均花费	500美以下、501~1000美元、1001~2000美元、2001~3000美元、3001~5000美元、5001~10 000美元、10 000美元以上
	花费最高项目	景点门票、交通、餐饮、购物、文化娱乐、住宿、其他
消费评价	总体评价	现代化程度、美丽程度、知名度、开放度、信息化程度（智慧城市）
	城市建设	城市规划、卫生设施、无障碍设施、旧城和历史建筑保护、空气质量、自然生态、园林绿化、便利感
	城市管理	安全感（安全及急救信息）、应急救援系统（卫生系统、天气预报）、市容市貌、施工管理、市民形象和行为、文化氛围、民俗特色
	公共行业服务	供水和水质、供电、手机信号覆盖、互联网覆盖、农业现代化（如耕地保护、乡村旅游）、工业旅游、银行刷卡便利性、城市公交、出租车、长途客运、自驾车、步行道和自行车道、机场、火车站、交通标识
	窗口服务	餐饮、住宿、购物、文化娱乐、景区景点、旅行社、导游、产品和服务质量、发票具备及正规度、旅游公共服务、标准化程度

* 表中的"变量"，产生于调查问卷设计阶段，"变量标尺"为调查问卷各个题目的备选项，"所属类别"则是根据逻辑关系对变量的抽象。

上述5个类别的消费特征变量，除人文统计特征变量以外，其他的变量类别之间存在着在时间上继起关系。考察人文统计变量的分布情况，可以了解入境游市场需求的基础性构成。考察消费决策的影响因素和消费决策内容，可以了解旅游者的消费心理和行为表现。考察消费结构和消费评价，可以了解入境游客的满意度情况。

第一节 入境游客的人文统计特征

通过对2016年入境游客的人文统计特征调查分析发现：入境游客的性别比例基本回归常态；25~44岁的游客为入境旅游市场的主力，超过入境游客总数的70%；大学本科、大学专科、硕士及以上学历的入境游客人数比例最高，合计超过入境游客总数的90%；入境游客中，各职业分布相对去年比较均匀，教育行业从业者和学生占比最高，合计超过游客总数的19%；入境游客主要为中高收入人群，个人月收入在1001~3000美元、3001~5000美元的人群比例最高，合计接近超过游客总数的五成。

一、男女游客的性别比例基本回归常态

与去年相比，受访入境游客的男女比例出现逆转，其中女性入境游客占总体的48.20%，男性入境游客占比为51.80%。

二、中青年游客是主体

受访入境游客主要的年龄分布是：25~34岁（42.65%）和35~44岁（27.81%）。

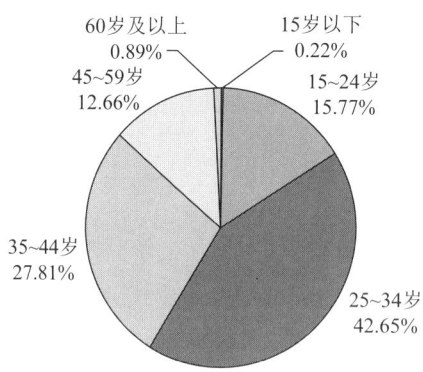

图4-1　2016年入境受访游客年龄分布

三、大学本科和大学专科学历的游客相对较多

受访入境游客主要的学历分布区间主要是：大学本科（59.62%）、大学专科（20.57%）、硕士及以上（11.06%）。

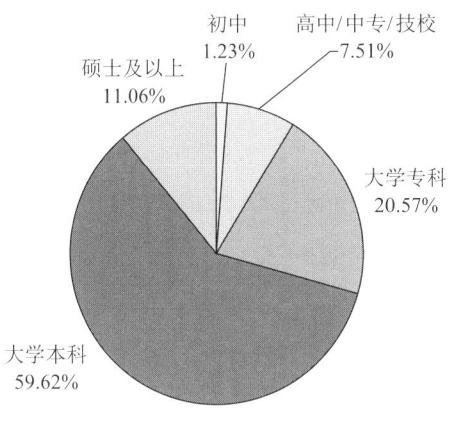

图 4-2　2016 年入境受访游客学历分布

四、教育从业者、学生居多

受访入境游客的主要从事的行业是：教育（11.80%）、学生（7.50%）、制造业（7.20%）等。

图 4-3 2016 年入境受访游客职业分布

五、中高等收入者为游客主体

受访入境游客主要的月收入分布区间主要是：1001~3000 美元（27.10%）、3001~5000 美元（21.70%）、8001~10 000 美元（15.10%）。

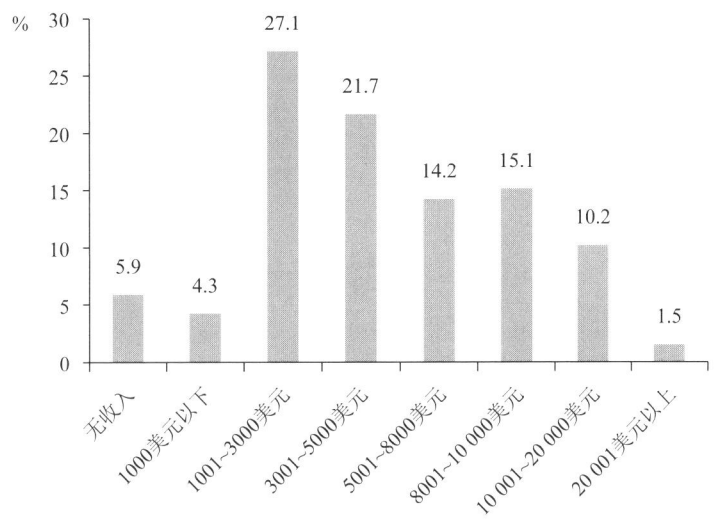

图 4-4　2016 年入境受访游客月收入分布

第二节　入境游客的消费决策影响因素与特征

一、入境游客的消费决策影响特征

调查结果显示，入境游客中首次到访中国的游客明显多于多次到访中国的游客；从入境游客出游目的来看，游览观光和休闲度假是主要的旅华目的。

（一）近八成的游客是第一次来中国

受访入境游客中，79.89% 的游客是第一次到中国旅游。

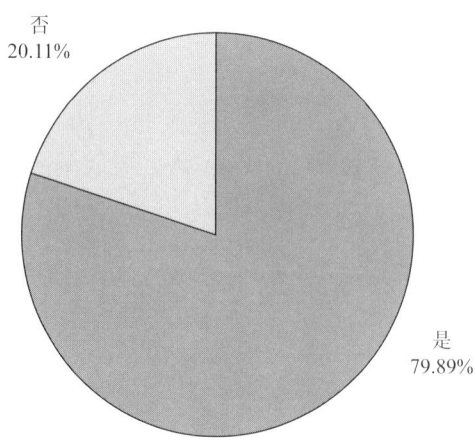

图 4-5　2016 年受访入境游客出游频率

（二）游览观光和休闲度假最吸引游客

受访入境游客中，主要的旅游目的是：游览观光（37.10%）、休闲度假（26.00%）、了解中国特色文化（17.00%）、探亲访友（7.90%）。

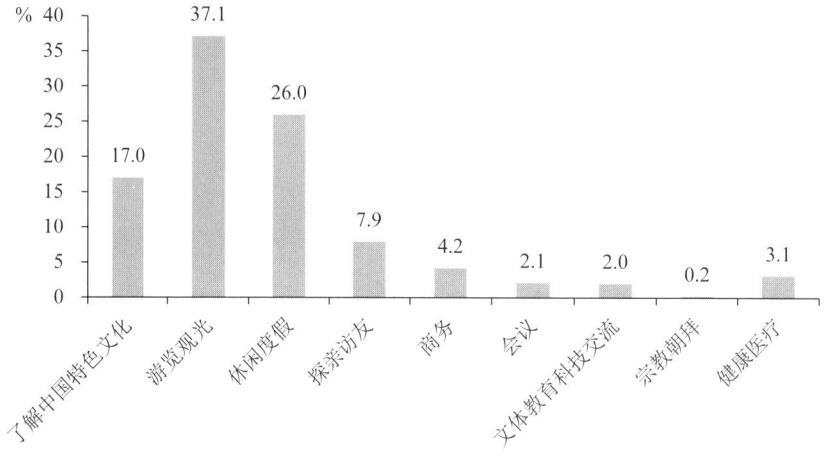

图 4-6　2016 年受访入境游客旅游目的

二、入境游客的消费决策特征

从调查结果来看，网站论坛和亲友介绍是最主要的信息来源，有 25.61% 的游客出游前会通过网站/BBS/论坛获取目的地的旅游相关信息，有 21.47% 的游客出游前会受到亲朋好友介绍的影响；出游前入境游客多会了解旅游交通/天气等生活信息、旅游产品和服务介绍、旅游景区接待情况、特色文化娱乐活动等旅游信息；在选择目的地以及旅游景点时，景点吸引力/旅游地吸引力是游客最为关注的问题，其次是旅游地交通和旅行费用，旅行安全也是影响入境游客目的地选择的因素；在出游伴侣的选择方面，约有37.20%的入境游客选择和家人一起出游，其次有33.40%的入境游客选择和好友结伴出游；入境游客主要的游览项目集中在山水风光、文物古迹、美食烹调、文化艺术，所占比例分别为24.29%、23.43%、15.39%、15.19%；在景点数量的选择方面，38.20%的入境游客参观游览了3~5个旅游景点，具有最高的代表性；在华停留时长方面，30.25%的入境游客在华停留8~15天，最具代表性；在住宿选择方面，选择中等价位酒店（二星、三星酒店及同级酒店）超越选择经济型酒店，成为入境游客的首选项。

（一）网站/BBS/论坛和亲友好友介绍是最主要的信息来源

受访入境游客中，主要的信息搜索渠道是：网站/BBS/论坛（25.61%）、亲朋好友介绍（21.47%）、报纸/杂志/书籍（13.97%）、到旅行社咨询（8.17%）等。

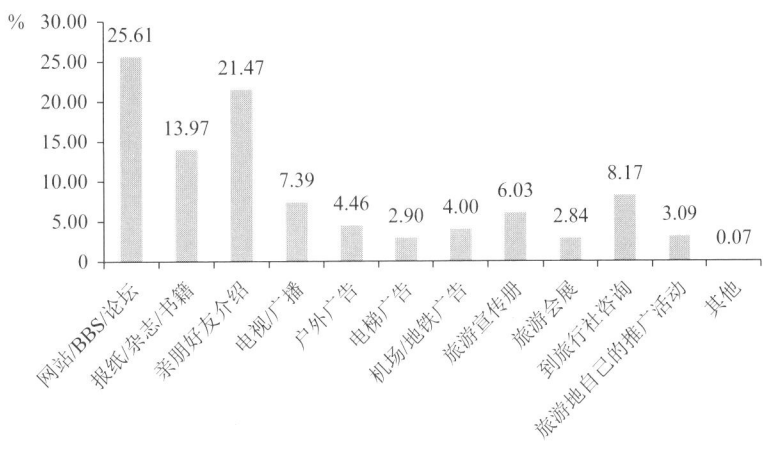

图4-7　2016年受访入境游客旅游信息获取渠道

（二）旅游交通/天气等生活信息、旅游产品和服务介绍最受游客关注

受访入境游客中，主要的信息搜索内容是：旅游交通/天气等生活信息（17.75%）、旅游产品和服务介绍（17.60%）、旅游景区接待情况（16.96%）、特色文化娱乐活动（16.13%）等。

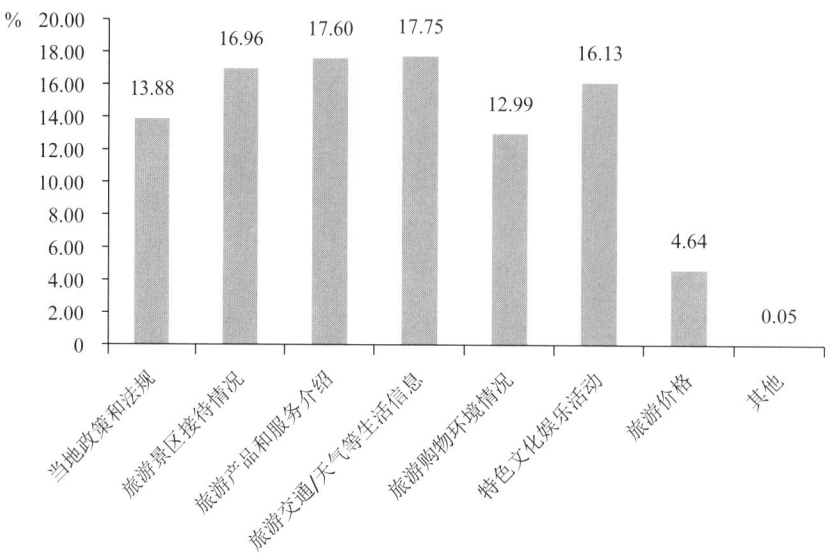

图 4-8　2016 年受访入境游客信息搜索内容

（三）景点吸引力/旅游地吸引力、旅游地交通对目的地选择最具影响

受访入境游客中，目的地选择的主要影响因素是：景点吸引力/旅游地吸引力（18.12%）、旅游地交通（10.80%）、旅行费用（10.68%）、旅行安全（9.95%）等。

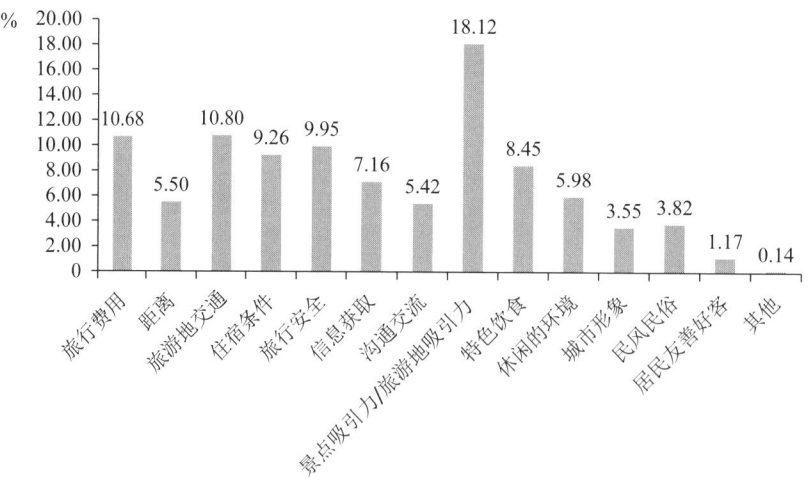

图 4-9　2016 年受访入境游客线路选择影响因素

（四）和家人一起出游、和好友结伴出游最为常见

受访入境游客中，旅游伴侣主要是：和家人一起出游（37.2%）、和好友结伴出游（33.4%）、独自出游（9.1%）、公司/班级/社团等集体出游（8.3%）等。

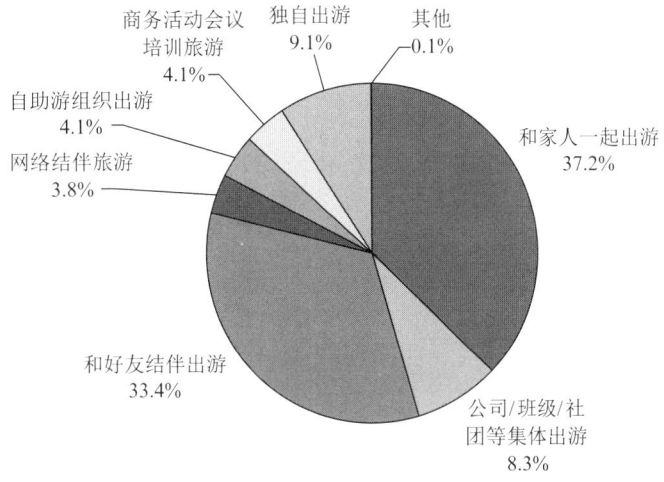

图 4-10　2016 年受访入境游客出游伴侣选择

（五）山水风光、文物古迹、美食烹调是游客最主要的游览项目

受访入境游客中，主要的游览项目是：山水风光（24.29%）、文物古迹（23.43%）、美食烹调（15.39%）、文化艺术（15.19%）等。

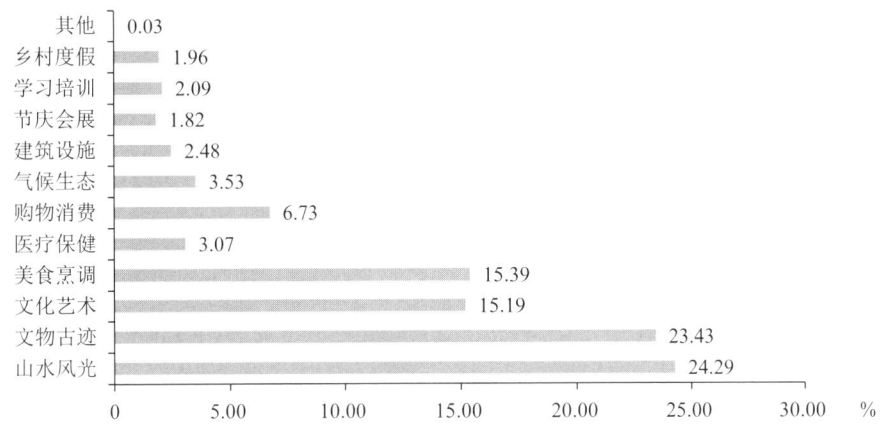

图 4-11　2016 年受访入境游客游览项目

（六）3~5 个景点的线路设计最受游客欢迎

受访入境游客中，景点数量的选择集中在 3~9 个，其中以 3~5 个景点的线路设计（38.20%）居多，其次是 6~9 个景点的线路设计（29.60%）。

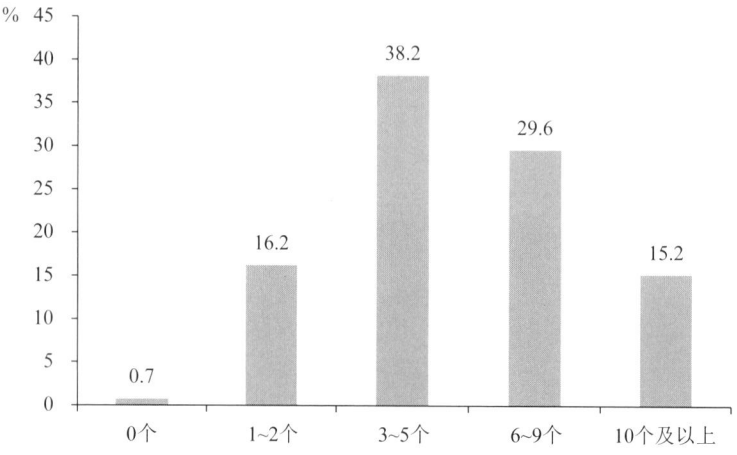

图 4-12　2016 年受访入境游客参观景点数

（七）8~15 天的停留时间最为普遍

受访入境游客中，旅游时长的选择以 8~15 天（30.25%）、4~7 天（29.57%）居多。

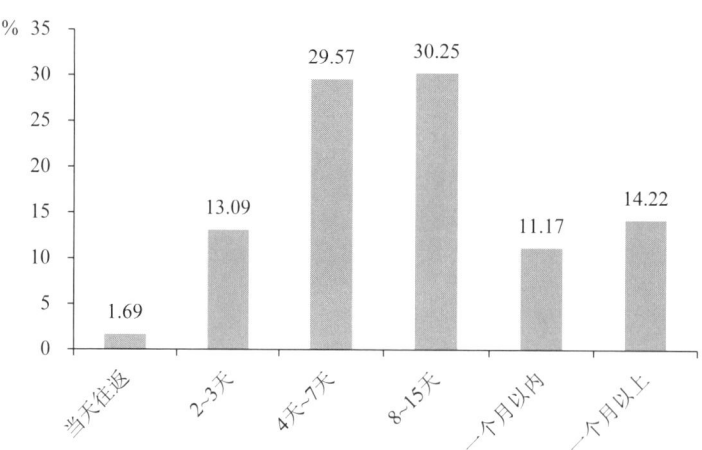

图 4-13　2016 年受访入境游客旅游停留时间

（八）中等价位酒店（二星、三星酒店及同级酒店）最受游客青睐

受访入境游客更倾向于选择中等价位酒店（二星、三星酒店及同级酒店）（30.48%）、经济型酒店（25.29%）、豪华酒店（四星级及以上酒店）（20.90%）。

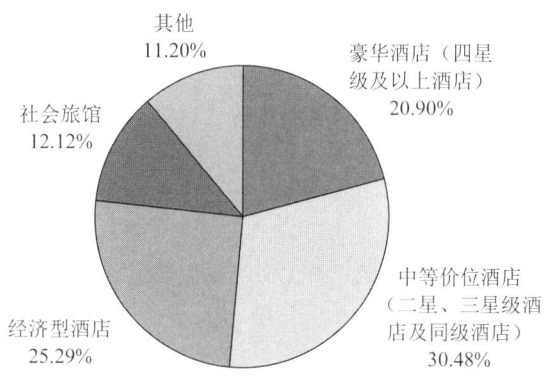

图4-14 2016年受访入境游客住宿选择

第三节 入境游客的消费结构与消费评价

一、入境游客的消费结构特征

从调查结果来看，中国入境游客人均消费呈现典型的正态分布，中间大，两头小。超过60%的入境游客消费集中在1001~5000美元，另有15.02%的入境游客消费501~1000美元，有14.06%的入境游客消费不足500美元，消费超过5000美元有8.73%；从消费项目来看，23.05%游客表示旅游交通是其最大的消费项目，其次是购物消费，占总消费支出的21.42%。

（一）中等消费群体比例过半

受访入境游客中，人均花费的主要分布区间是1001~2000美元（27.90%）、2001~3000美元（18.85%）、3001~5000美元（15.44%）。

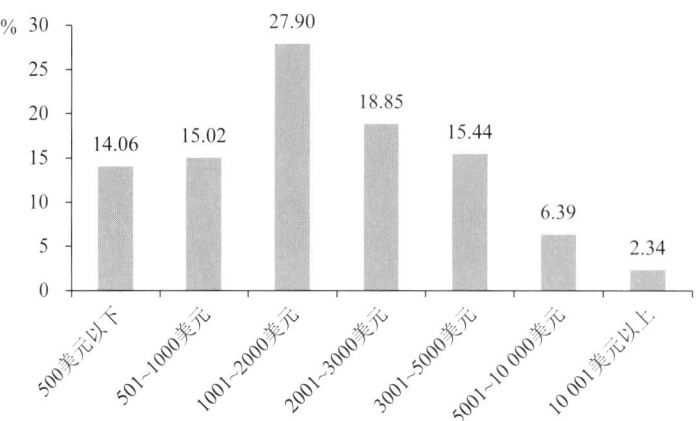

图 4-15　2016 年受访入境游客人均消费

（二）交通和购物支出占比最高

受访入境游客中，花费最高的项目依次是交通（23.05%）、购物（21.42%）、餐饮（21.07%）、住宿（11.53%）。

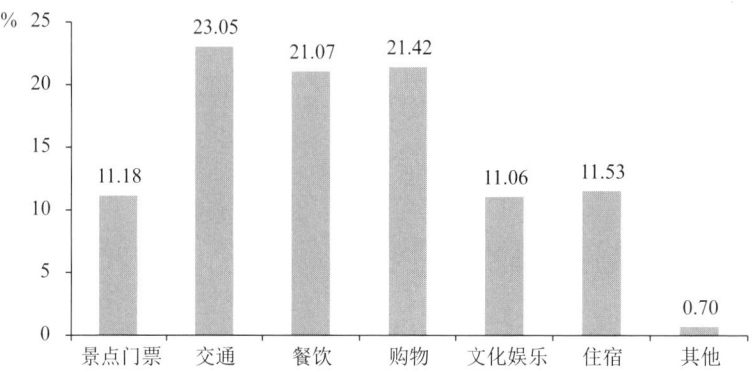

图 4-16　2016 年受访入境游客花费最高项目

二、入境游客的消费评价

调查结果显示，入境游客对各方面的评价都较好。无论目的地总体形象、城市建设、城市管理、公共行业服务还是窗口服务，游客对其评价均值基本皆在 8 分以上。但相对而言，仍有部分服务短板存在，如城市建设中的空气质量、自然生态，公共行业服务中的互联网覆盖、手机信号覆盖、城市公交，窗口服务中的导游服务、产品服务和质量,其得分分别为 8.11、8.16、8.09、8.12、8.12、8.16、8.17,低于平均水平。

(一)现代化程度和信息化程度(智慧城市)最受游客肯定

游客对旅游目的地各项评价总体较高,其中现代化程度和信息化程度(智慧城市)最受游客肯定,其得分分别为 8.48、8.32。

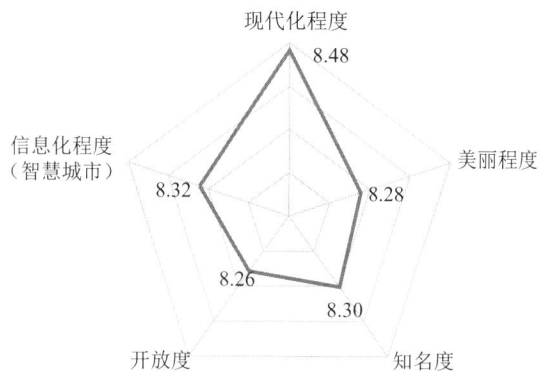

图 4-17　2016 年受访入境游客对我国旅游目的地的总体评价

(二)空气质量、自然生态评价较低

入境游客对旅游目的地的空气质量、自然生态评价分别为 8.11、8.16,评价较低。

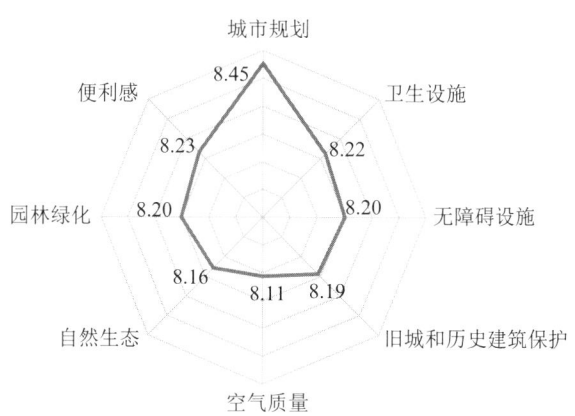

图 4-18　2016 年受访入境游客对我国旅游目的地城市建设评价

（三）安全感获认可，应急救援系统评价较低

游客对旅游目的地城市管理各项评价具有差异性，其中安全感（安全及急救信息）得分最高，为 8.24，应急救援系统（卫生系统、天气预报）得分最低，为 8.12。

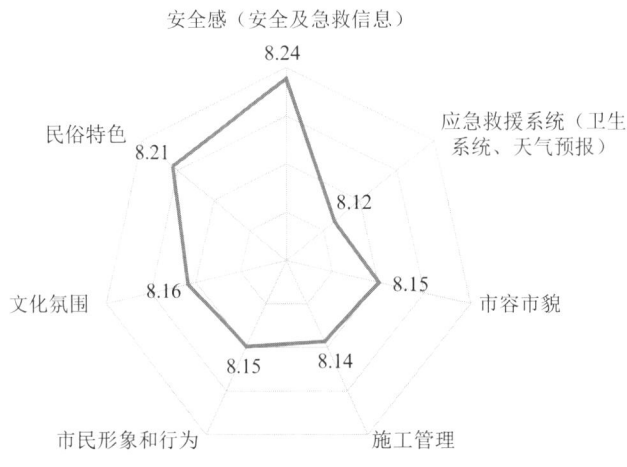

图 4-19　2016 年受访入境游客对我国旅游目的地城市管理评价

（四）互联网覆盖、手机信号覆盖、城市公交的评价较低

游客对互联网覆盖、手机信号覆盖、城市公交评价较低，分别为 8.09、8.12、8.12。

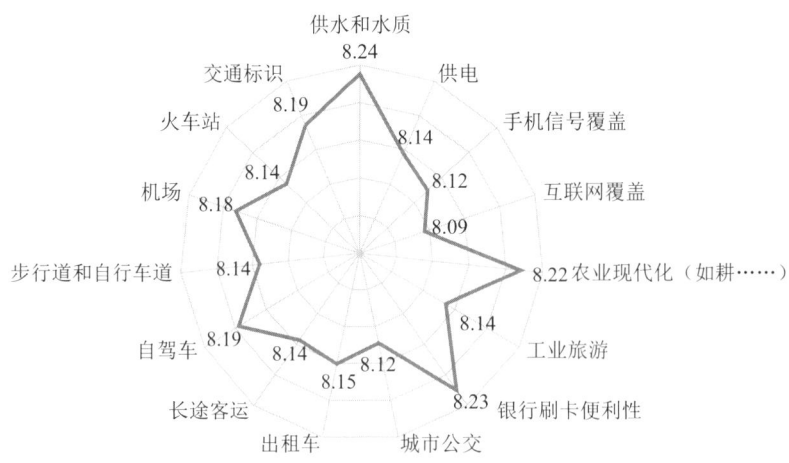

图 4-20　2016 年受访入境游客对我国旅游目的地公共行业服务的评价

（五）导游服务、产品和服务质量评价不乐观

游客对导游服务、产品和服务质量、标准化程度评价较低，分别为 8.16、8.17 和 8.17。

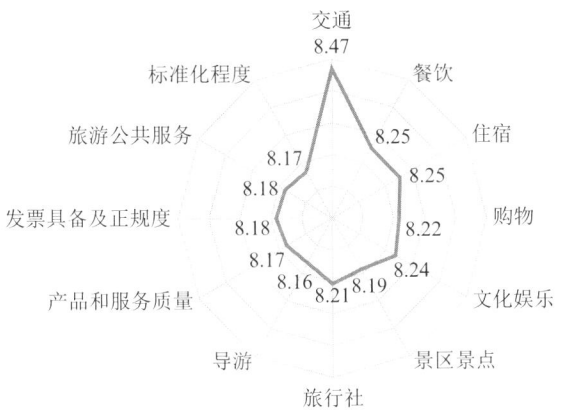

图 4-21　2016 年受访入境游客对我国旅游目的地窗口服务的评价

第五章
中国入境旅游发展趋势与建议

当前我国入境旅游市场整体趋势向好。在全域旅游战略指引下，中国入境旅游市场规模与旅游消费稳步增长，入境客源市场日趋多元，市场结构逐步优化，旅游主题形象更加鲜明，宣传推广体系逐步完善，旅游产品结构更趋合理，旅游服务质量稳步提升，各项便利化政策逐步完善，均有力促进了入境旅游市场的发展。全球经济整体复苏的势头也渐趋明朗，为中国入境旅游市场持续增长提供了有效的外部支撑。

与此同时，入境旅游市场的发展依然面临众多困难和挑战。从外部因素来看，国际旅游客源市场竞争日趋激烈，世界各国特别是发达国家对旅游业的重视程度逐渐增强，持续出台促进市场和产业发展的系列政策战略，对中国入境旅游市场稳定增长和持续发展形成巨大压力。就内部因素而言，中国潜在的旅游资源优势未能充分转化为入境旅游市场所需的产品与服务，以及基础设施和综合服务配套的相对不足，仍然制约着中国入境旅游市场的发展。此外，中国入境旅游对外宣传推广工作的市场化程度与有效性有待进一步提升，这也在一定程度上均制约了中国入境旅游市场的快速发展。

第一节　中国入境旅游发展的趋势预测

（一）就市场规模而言，预计入境旅游市场有望全面恢复

就当前我国入境旅游市场的发展趋势来看，一方面依然无法避免主要客源市场经济增长乏力、国际游客出境旅游趋于保守、各旅游目的地竞争加剧、国际地缘政治的消极影响强化、入境游客在华消费意愿下降、我国入境旅游宣传推广体系有待进一步完善、我国旅游品牌建设仍处于初级阶段等诸多负面因素的消极影响，但另一方面入境旅游系统工程理念日益深入身心，国际旅游多元化需求逐步得到满足，因地制宜开发特色形象和主打旅游产品、旅游公共服务和市场监管逐步趋于优化。在这一系列现实因素的积极推动下，以及在国内旅游市场环境不断改善的背景下，预计2017年我国入境旅游市场将继续保持稳步复苏的势头，进入全面恢复的发展通道。

（二）就政策环境而言，72小时（144小时）过境免签和离境退税等一系列便利化政策的落地实施有望持续拓展入境旅游的发展空间

截至2016年底，72小时过境免签政策已在北京、上海、广州、成都、沈阳、杭州、西安、天津、武汉、南京、大连、桂林、昆明、重庆、哈尔滨、厦门、青岛、长沙、深圳等19个城市相继落地，适用对象覆盖了包括"一带一路"沿线主要国家在内的51个国家。在充分总结实施72小时过境免签经验的基础上，2016年初江浙沪率先启动实施海陆空三类口岸联动的144小时过境免签政策；2016年8月广东省实现144小时过境免签和海陆空三类口岸联动；京津冀也已向国务院申请实施144小时过境免签和口岸联动政策，过境免签政策正在向着更加开放化的方向迈进。

截至2016年底，面向境外游客的购物离境退税政策已相继在海南省、北京市、上海市、天津市、辽宁省、安徽省、福建省、厦门市、四川省、江苏省、青岛市、深圳市、陕西省、云南省、广东省、黑龙江省、山东省、河南省等18个省（直辖市、计划单列市）落地实施，离境退税政策的实施，有效激发了入境游客购物的积极性，对入境旅游消费提升效果明显。

（三）就竞争态势而言，让入境游客收获更加便利的旅行服务和更高的旅行体验，已悄然成为吸引国际客源市场的主流做法

在全球化背景下，游客出行的尺度范围已远远超出国境（边境）的限制。各国各地区的竞争领域也从争夺境外客源市场逐步扩展到关系国际旅游发展的各方面综合服务与设施配套。近年来已有越来越多的国家和地区以强化海外宣传促销、签证便利化、购物免退税、航权开放、廉价航线、区域合作深化、多语种服务等各种方式全面深入参与国际旅游市场竞争与客源市场争夺。为了能从日趋激烈的国际旅游竞争中胜出，各国政府无不积极作为，中国也需应时而动积极作为。

（四）就发展模式而言，当下中国入境旅游的发展模式已完全不同于过往接待入境旅游团队的封闭型发展模式

封闭型发展模式即入境游客只能坐着大巴车从机场到酒店、从酒店到景区、从景区回酒店、再从酒店到机场，旅行的全过程与旅游目的地的现实生活环境完全隔离开来。今后中国入境旅游的发展模式必须告别"封闭红利"转向"开放红利"，随着旅游客源地营销和全球推广的日益强化，签证、通关、免税、退税、航权等多项宏观便利化政策的落地实施，特别是全域旅游战略的强力引领，带来了旅游目的地建设和产品创新热潮,"美丽中国"的国家旅游形象得到务实推广,中国入境旅游的发展模式有望实现由封闭型向开放型的全面转化。

随着中国对外开放加快步伐的加快,中国旅游业的发展期待着以入境旅游为突破口启动新一轮的对外开放,国内外旅游市场的一体化进程将进一步加快,与国际市场、国际规则、国际水平也将进一步接轨。今后,让入境游客体验中国老百姓兼容传统与时尚的生活方式将成为最有力的旅游吸引物,会有越来越多的入境游客认识到:中国不仅是一个具有悠久历史的文明古国,而且是一个开放包容的现代化大国。

(五)就整体思路而言,展现发展成就的"超乎想象的中国"应当而且能够成为入境旅游的基本出发点

曾经的"封闭红利"激发了境外游客来到中国来了解"中国是什么"的欲望,而"开放红利"将激发境外游客认识"中国将是什么"的原动力。人民的富裕和国家的强盛,事实上就是为中国的入境旅游做了最好的宣传。

"超乎想象的中国"将成为"中国梦"的最优注脚,成为入境旅游的长期卖点和宣传点。在全域旅游战略指引下,进一步完善中国的商业接待体系与公共服务体系,为入境旅游发展创造更好的外部条件,在向入境游客推介我们的传统旅游资源之余,重点推介中国改革开放以来的发展成就,向入境游客展示今天中国人民的日常生活等非传统旅游资源,如此,必能使中国入境旅游焕发出新的生机与活力。

第二节 中国入境旅游发展的对策建议

(一)借全域旅游大势为入境旅游注入新动力

全域旅游战略的实施过程,也是旅游基础设施、商业接待体系与公共服务体系不断完善的过程,也是为入境旅游注入新动力的过程。全域旅游、厕所革命、旅游+,以及旅游管理体制综合改革的推进,让更多的入境游客可以尽享景区之外的城乡居民品质生活空间。事实上,全域旅游就是"美丽中国",就是"超乎想象的中国"。

围绕"美丽中国"整体旅游形象,发挥各地资源优势,把具有竞争力的品牌和产品推向境外目标市场。包装好、宣传好代表性强的特色旅游产品和精品旅游线路，推出一批二三线城市、特色小镇和田园综合体，主动宣介创意旅游产品，重点开发以"美丽中国"为核心支撑的精品旅游线路。

（二）转变传统接待理念与发展模式，开发以真实生活方式体验为主要内容的旅游产品

深入了解国际游客的目的、行为与偏好，建立与市场需求和发展阶段相适应的多样化、多层次的旅游产品体系。丰富提升观光旅游产品，大力发展度假休闲产品，积极开发专项旅游产品，推进复合型旅游产品发展，建立与市场需求和发展阶段相适应的多样化、多层次的旅游产品体系，在市场培育并推出一批旅游精品线路和产品品牌。加大休闲度假旅游产品、修学旅游、商务旅游、购物旅游、健康疗养旅游产品开发，拓展旅游产品层次和体系。重视发展其他专项旅游产品。结合国家战略和游客需求，重视发展运动康体、医疗养生、修学科考等专项旅游产品。规范引导高尔夫旅游、大型主题公园、高档娱乐设施健康有序发展，防止盲目建设和乱占公共资源。大力发展邮轮母港、自驾车营地、房车宿营地、汽车旅馆、汽车租赁、游艇租赁等与休闲旅游新需求相适应的设施和服务。

突破"封闭的中国""古老的中国"的旅游产品开发理念，不仅重视对传统旅游资源的挖掘，更加重视对体验式、生活型、创新性、主题式旅游产品的策划与深度开发，特别是足以吸引入境游客重复消费的休闲度假产品，向入境游客展现更加贴近真实生活的现实中国，加大对非传统旅游资源的开发力度。通过旅游产品内容的丰富拓展、硬件设施的改进完善、软件服务的提质升级，让入境游客收获更加美好与真实的旅游体验。

（三）双管齐下，国家旅游形象优化和短板弥补消除并重

一方面，在国际场合积极发出中国声音，改善整体国家形象和国家旅游形象。积极面对由于东西方文化和价值观差异所导致的误解与偏见。针对部分境外媒体对中国大气污染、环境治理、市场秩序、国家安全等的负面报道与过度热炒，中方有必要适时发出中国声音，并对部分热点事件予以积极回应，尽量消除隔阂与偏见。在开发入境旅游市场的进程中，高度重视文化上的沟通与交流，引导境外游客对中国的正确认识，改善整体国家形象。同时要积极宣传过境免签、离境退税、丝绸之路旅游年、全域旅游、旅游厕所革命、中外旅游年等政策利好。呼应"美丽中国"的国家旅游形象，加大国家旅游形象的对外营销力度。特别要加大对以"厕所革命"为代表的旅游公共服务环境提升措施、旅游便利化政策的宣传力度。以旅游推广绩效的评估以及搭建统一的推广平台作为对外营销工作的重点，加强对地方旅游部门宣传推广工作的统筹力度，促进"美丽中国"的国家旅游形象确立，以及中国入境旅游的品牌效应形成。

良好的中国旅游形象需要各级旅游部门分工协作，持续完善对外推广体系制订境外旅游宣传推广工作计划，在科学翔实的旅游市场调研基础上加强宣传推广计划性，并注重调动各方积极性，共同参与境外旅游宣传推广。根据宏观市场形势，科学规划年度重点市场、重点工作、重点活动、重点产品等。考虑各方利益需求，调动驻外机构、各级旅游主管部门及相关部门、旅游企业积极性，共同参与境外旅游宣传推广。

另一方面，在"供给侧"补短板。落实"可持续旅游"发展理念，全力支持大气环境综合整治工作；调整区域和小区域的旅游线路设计，并配合做好环境污染天气的游客人身综合防护。重视旅游商业服务环境改善、旅游商品提档升级、旅游市场秩序治理、旅游保险体系和保险理赔手续完善等突出问题，根治旅游安全无保障、不合理低价游、欺诈消费、强迫消费、暴力威胁、假冒伪劣等市场乱象，以规范的旅游市场秩序营造良好的发展环境，引导入境旅游回归以"质"取胜的正道。

（四）持续提升国际开放度，分阶段分步骤推进一揽子便利化措施

进一步优化入境游客来华旅游、邮轮旅游、自驾游等便利化政策与通关服务。在确保国家总体安全的大局下，面向主要客源市场，特别是"一带一路"沿线国家游客，扩大（过境）免签或落地签证的覆盖范围。支持符合条件的口岸扩大开展旅华签证业务的范围，针对不同类型的入境游客，实施差异化的签证政策，并适度强化对签证便利化政策措施的对外宣传。

做好离境购物退税政策创新与试点实施的推广应用研究。扩展购物退税业务试点地区与城市，特别是入境游客较为集中的口岸城市、滨海城市、边境城市、商贸城市，以及自由贸易试验区等。推进试点地区与城市的互联互通，结合当前实施的过境免签政策，向着"任一口岸买，任一口岸退"的更高目标迈进。加大对当前离境退税业务的宣传推广力度。推动购物退税的便利化配套措施，在退税商品中增加具有中国特色的品牌商品。

系统性实施免签、免税、退税、航权开放、廉价航线等便利化政策，并尽量促成政策效应的叠加。在当前实施的72小时过境免签和144小时过境免签政策的基础上，探索实施与特色旅游产品相配套的离境购物免退税政策，并向着

"任一口岸进，任一口岸出；任一口岸买，任一口岸退"的更高目标迈进，持续推进一揽子便利化政策的叠加效应，持续推进旅游产品和服务品质提升。从切实增进旅行服务便利和提升游客体验入手，在部分热门旅游目的地探索阶段性分步骤开放第五航权。根据入境旅游市场的动态反馈，结合国家总体战略和国际旅游市场开发的主导方向，适时开辟部分热门旅游线路面向境外游客的廉价航线。

（五）配合"一带一路"倡议，有选择性地深化面向重点区域的国际合作

结合我国"一带一路"倡议，进一步将"一带一路"沿线国家作为入境旅游市场的重点拓展区域。强化与"一带一路"沿线国家的互联互通，分批次分步骤深化与"一带一路"沿线国家的旅游合作，切实推动游客互访、人员往来与产业要素流动，跟进孟中印缅、中巴经济走廊、中国—东盟旅游合作区、中越旅游合作区等国家战略。

切实提高"一带一路"沿线国家来华旅游的便利性，适时进一步拓展"一带一路"沿线国家的过境免签时限，并可考虑分步骤将"一带一路"沿线部分国家纳入免签对象范围。注重政策协调效应，全面提升"一带一路"沿线国家赴华旅游便利度，推动"一带一路"沿线国家签证便利化、航权开放、证照互认、车辆救援、旅游保险等多方位合作。

通过旅游年等有效途径，实现"一带一路"沿线国家重点突破，分批次分步骤深化与"一带一路"沿线国家的旅游市场双向互动与全方位合作。重点推出面向"一带一路"沿线主要国家的多语种综合服务，大力开发"一带一路"沿线潜力客源市场。进一步扩展"一带一路"沿线的远程客源市场，逐步优化我国入境旅游的客源市场结构。

后 记
POSTSCRIPT

呈现在大家面前的这本《中国入境旅游发展年度报告2017》是目前研究中国入境旅游市场研究领域最为权威、信息量最为丰富的年度性研究报告。本年度本报告继续从2016年中国入境旅游市场发展的总体与状况、2016年全球视野下的中国入境旅游发展透视、2016年中国主要客源国的客源产出状况、2016年中国入境旅游的流向与路径、2016年中国入境旅游市场的需求状况，以及中国入境旅游的发展趋势与对策建议等方面综合展开。本报告旨在为境内外旅游主管部门、相关涉旅企业、旅游类高校和科研院所提供中国入境旅游市场更加全面深入的信息，为其宏观管理、战略判断、经营决策、教学科研、专题市场研究等提供参考借鉴。

入境旅游是衡量一个国家旅游业发展水平的关键指标，也是衡量一个国家旅游综合竞争力的基础指标。2017年4月初世界经济论坛发布的《世界旅游业竞争力报告2017》选用了发展环境、政策配套、基础设施、综合资源等四大主力板块作为全球旅游业国际竞争的框架体系，并在此框架下进一步细分为14项支柱指标，进而得出了对全球136个主要经济体旅游竞争力的权威综合排名动态更新。从主力板块的构建以及指标体系的选取来看，入境旅游是其首屈一指的关注重点，全球主要经济体的旅游竞争力角逐中，入境旅游是第一竞技场。

拥有强大的入境旅游市场是成长为世界旅游强国的必由之路。放眼世界，包括美国、法国、西班牙、德国、英国、意大利等国际一流旅游目的地，均是以其强大的入境旅游市场为根基，逐步奠定了全球公认的世界旅游强国地位。2016年12月国务院印发的《"十三五"旅游业发展规划》明确提出了入境旅游持续增长的发展目标，同时将实施中国旅游国际竞争力提升计划、完善旅游推广体系、塑造"美丽中国"形象作为大力提振入境旅游的重要渠道，为入境旅游发展指明了总体方向。在我国旅游强国"三步走"战略进程中，旅游经济增长方式、动力、主体的创新变化则为入境旅游市场的持续发展奠定了扎实基础。

经历过黑夜，会更加懂得珍惜曙光。在跨越了本轮金融危机以来的市场波动下行期以后，我国入境旅游市场终于进入了从全面恢复转向持续增长的新阶段。2016年我国接待入境游客1.38亿人次，同比增长3.8%，规模总量达到历史新高。其中，接待入境过夜游客5927万人次，同比增长4.2%，规模总量实现历史最高；接待外国游客2815万人次，同比增长8.3%，规模总量同样创下历史最高。进入"中国入境旅游2.0"阶段以后，中国入境旅游不仅需要重视旅游资源、宣传推广、基础设施等传统因素，还必须从自然环境可持续性、旅游商业环境、服务配套设施、旅游安全与保障、旅游外交、国家旅游形象、国际化开放政策、旅游产品升级、重点区域合作等非传统影响因素入手，以更加开放化的政策和措施谋篇布局，助力入境旅游再度腾飞。

《中国入境旅游发展年度报告2017》由戴斌教授带领编委会全体成员提出研究框架，经课题组全体成员讨论后形成了包括问卷设计、访谈提纲、调研组织、模型设计、数据统计与测试、结论研判、文稿编纂等一系列工作方案。课题组在对各入境旅游典型城市的地方旅游行政主管部门以及代表性入境旅游企业实地调研的基础上，结合市场抽样调查与境内外数据收集整理，经多轮修订终成此稿。

《中国入境旅游发展年度报告2017》的主要执笔人分工如下：导言，李创新、拓倩、蔡凤；第一章，李创新、吕洋洋；第二章，李创新、蔡凤、拓倩、晏梅、宋丽娜、杨丽琼；第三章，李创新、李萍、陈小姣；第四章，李创新、蔡文婧；第五章，李创新、杨劲松。最后由蒋依依和李创新负责统稿。

书中数据如无特殊说明，均来自国家旅游局数据中心以及中国旅游研究院市场抽样调查数据。

尽管我们已经做了最大的努力，但无论在数据来源、研究方法抑或研究内容上本报告恐仍难免疏漏之处，我们虚心接受来自社会各界的建设性批评意见。

课题组

2017年6月30日